Klein   ... und plötzlich überfiel mich Todesangst

Diesen Bericht widme ich in großer Dankbarkeit

Herrn Prof. R. Meyendorf,

durch dessen Behandlungsmethode ich binnen weniger Monate von einem qualvollen Leiden geheilt wurde.

Ferner gilt mein Dank Frau Ursula Goldmann, durch deren »Tagebuch einer Depression« ich meine Krankheit erst erkannte.

Und – last not least – danke ich auch der Illustrierten »Bunte«, die mir durch ihren Artikel »Glückspillen – die neue Sucht« in Heft 15, vom 6. 4. 1989, den Weg zu Frau Goldmann und Herrn Prof. Meyendorf wies.

Anne Klein

... und plötzlich überfiel mich Todesangst

Erfahrungsbericht über eine endogene
Depression und ihre Heilung

Mit ärztlichem Kommentar von
Professor Dr. med. Rudolf Meyendorf

≡ **TRIAS** THIEME HIPPOKRATES ENKE

Prof. Dr. med. Rudolf Meyendorf
Psychiatrische Klinik und Poliklinik
Nervenklinik der Universität
München
Nußbaumstraße 7
D-8000 München 2

Umschlaggestaltung und
Konzeption der Typographie:
B. und H. P. Willberg, Eppstein/Ts.

Umschlagzeichnung:
Friedrich Hartmann, Stuttgart

*CIP-Titelaufnahme
der Deutschen Bibliothek:*

*...und plötzlich überfiel mich
Todesangst*: Erfahrungsbericht über
eine endogene Depression und ihre
Heilung / Anne Klein. Mit einem
ärztlichen Kommentar von Rudolf
Meyendorf. – Stuttgart : TRIAS –
Thieme Hippokrates Enke, 1991
NE: Klein, Anne; Meyendorf, Rudolf

© 1991 Georg Thieme Verlag
Rüdigerstraße 14,
D-7000 Stuttgart 30.
Printed in Germany
Satz und Druck: Gulde-Druck GmbH,
Tübingen (Linotype 300 LTC)

ISBN 3-89373-168-7   1 2 3 4 5 6

Anstelle eines Vorwortes

29. März 1990

Sehr geehrte, liebe Frau Klein!
Soeben habe ich Ihr Manuskript aus den Händen gelegt und möchte Ihnen danken, daß Sie entschlossen sind, diesen Erlebnisbericht nicht verschüttet gehen zu lassen. Ich meine auch, daß er nicht in der Schublade bleiben darf. Sie schreiben, Sie werden sich solange bemühen, bis Sie das sich gesetzte Ziel erreicht haben, möglichst viele Menschen über diese qualvolle Krankheit aufzuklären.

Ich als Nervenarzt stehe immer wieder kopfschüttelnd vor der Tatsache, daß diese Krankheit so oft nicht als das erkannt wird, was sie ist, nämlich eine Depression, die im wesentlichen durch biologische Veränderungen im Körper verursacht wird und nicht durch milieubedingte, psychoreaktive Störungen, sei es, daß man diese in unbewußten, schädigenden Erlebnissen in der Kindheit sucht, sei es, daß man dafür aktuelle Konflikte in Anspruch nimmt.

Selbstverständlich gibt es sehr belastende, die Seele des Menschen schädigende und ihn auch krankmachende Ereignisse und Erlebnisse, die man nicht aus den Augen verlieren soll. Das Entscheidende ist jedoch, daß man erkennt, daß diese Depressionen, wie Sie sie auch schildern, unabhängig von den anderen belastenden seelischen Ereignissen auftreten. Und es ist auch keine Frage, daß aus der Umgebung der Depressiven durch das Nicht-Verstehen der Krankheit, durch das Ungeduldigwerden der Angehörigen zusätzliche seelische Belastungen auf den Kranken zukommen. Darum ist Verständnis der Krankheit von seiten der Angehörigen schon eine sehr wichtige Hilfe für den Betroffenen.

Es gibt nicht wenige Patienten, bei denen diese zwei Dinge zusammenkommen. Einmal sind es unglückliche Lebensumstände, die sie schwerstens belasten, und zweitens werden sie von dieser Krankheit befallen. Diese Menschen, vor allen Dingen ihre Umgebung, sind dann geneigt, die ganze Krankheit einzig und allein auf die belastenden Lebensumstände zurückzuführen. Wenn sie dann aber erleben, wie ihnen durch ein Antidepressivum entscheidend geholfen werden kann, dann sind sie plötzlich auch in der Lage, mit den realen Schwierigkeiten und Konflikten besser fertigzuwerden. Die Angst und die Depression machen ja den Menschen hilflos und wehrlos. Es gibt ja eine feindliche Umwelt. Für den Depressiven ist sie aber doppelt schwer zu ertragen und schon gar nicht zu bewältigen.

Sie gehören nun zu jener Gruppe von Patienten, bei denen die äußerlichen Umstände, soweit ich das beurteilen kann, »ideal« waren und sind. Trotzdem wurden Sie von dieser Krankheit überfallen. Sie sind sozusagen das klassische Beispiel dafür, daß die wahre Ursache nicht im Milieu liegt. Daß es schließlich bei Ihnen auch zu Mißverständnissen, Spannungen und Gereiztheiten in der Familie kam, ist nur zu verständlich, wenn man die Krankheit und das Reagieren der Umgebung auf sie kennt.

Ihr Erlebnisbericht ist aber auch weiter deshalb wichtig und wertvoll, weil er in geradezu klassischer Weise die Nutzlosigkeit der Tranquilizer in der Behandlung dieser Krankheit dokumentiert. Auch diese Tatsache kann man sich nicht deutlich genug immer wieder vor Augen halten. Dies gilt vor allem für die pharmazeutische Industrie, die immer neue Tranquilizer auf den Markt bringt, und die es offensichtlich nicht wahrhaben will, daß mit Antidepressiva eine nicht nur viel effektivere Therapie der Angstzustände betrieben werden kann, sondern daß die Art der Heilung von der Angst eine ganz andere ist als die durch Tranquilizer. Bei den Tranquilizern ist es tatsächlich nur eine Betäubung der Angst, bei den Antidepressiva wird der Mensch jedoch wieder ganz neu in ein unbefangenes Lebensgefühl hineingeführt, das er spontan als normal bezeichnet.

Ihr Bericht ist also in erster Linie der Bericht einer erfolglosen Tranquilizer-Karriere.

Viele Patienten kommen zu mir, die nicht in erster Linie eine Tranquilizer-Karriere hinter sich haben, sondern die traurige Karriere vieler hunderter Psychotherapiestunden, die, was die Symptomatik der Erkrankung anbetrifft, keinen Schritt weiterführten, wenn die Patienten häufig auch dankbar sind, überhaupt im Psychotherapeuten einen

Menschen gefunden zu haben, der ihnen zuhört. Wenn sie jedoch erfahren, daß ihre Ängste auf angeblich unbewußte, nicht bewältigte Konflikte in der Kindheit oder später beruhen, wenn diese Konflikte auch gesehen und besprochen werden und die Ängste dann trotzdem nicht verschwinden, dann besteht für diese Patienten ebenfalls keine Hoffnung, je von ihrer Symptomatik befreit zu werden, es sei denn, sie werden tatsächlich mit einem Antidepressivum behandelt.

Sie haben in Ihrem Bericht aber zutreffend einige Umstände erwähnt, die dem Ausbruch Ihrer Erkrankung vorausgingen:

Überarbeitung, Schlaflosigkeit, ein gewisses Maß an Streß und auch ein erhöhter Alkoholkonsum. Solche Streß-Konstellationen sind nicht selten in der Krankengeschichte vor Ausbruch der eigentlichen Erkrankung zu finden. Man kann es laienhaft auf den Nenner bringen: das Nervensystem des Menschen ist durch bestimmte psychische und physische Belastungen erschöpft, so daß es nicht mehr richtig arbeitet. Und eine krankhafte Antwort des Nervensystems ist eben das Auftreten einer Depression oder Angst- und Panikzustände.

Ich erinnere mich an Sie, als Sie im Mai letzten Jahres erstmals zu mir kamen und davon berichteten, daß Sie ein nicht sehr wirksames Antidepressivum einnahmen und daraufhin aber eine gewisse Besserung empfunden hatten. Sie gaben aber auch zu verstehen, daß Sie noch nicht bereit waren, und zwar der geschilderten Nebenwirkungen wegen, Clomipramin einzunehmen und noch warten wollten. Sie berichten nun sehr anschaulich, daß Sie noch am selben Tage eine Angstattacke erlitten und sich Vorwürfe machten, das Ganze zu optimistisch dargestellt zu haben. Es ist richtig, wenn Patienten zum Zeitpunkt ihrer Vorstellung berichten, daß es ihnen zur Zeit recht gut gehe, sei es, daß sie im Moment bereits ein Medikament einnehmen, sei es, daß sie sich auch in einer relativ stabilen und guten Phase befinden, dann dränge ich nicht, mit der antidepressiven Therapie sofort zu beginnen. Es kann nämlich in einigen Fällen deshalb schiefgehen, weil die Nebenwirkungen des Antidepressivums als noch unerträglicher zu Beginn der Therapie empfunden werden, als die Ängste und die Depression selbst. Dann setzen die Patienten das Medikament wieder ab. Befinden sie sich aber zum Zeitpunkt ihrer Vorstellung in einer schweren Depression oder leiden unter schweren Angstzuständen, dann nehmen sie die Nebenwirkungen in Kauf in der Hoffnung, die ja auch dann bestätigt wird, in wenigen Wochen aus dieser Krankheit herauszukommen.

Ihr Erlebnisbericht ist sehr anschaulich, ganz aus dem eigenen Betroffensein heraus geschildert. Besonders gut empfinde ich die Schilderung Ihrer Sie immer wieder plötzlich überfallenden Angst- und Panikzustände, wie diese Sie in den verschiedenen Situationen »im Nacken packen«. Sie beschreiben auch gut die kurzen Zeiten des Aufatmens zwischen den einzelnen Anfällen, die immer wieder in Ihnen geweckte Hoffnung, es nun doch schaffen zu können und dann sehr eindrücklich und anschaulich, wie der Griff zum Tranquilizer doch immer wieder der letzte Ausweg ist, um buchstäblich so einen Anfall überleben zu können und wie sich das Ganze zuspitzt und steigert. Auch die Reaktionen Ihrer engeren Familie und auch der Freunde und des immer wieder zur Depot-Neuroleptikum-Spritze greifenden Arztes, der ein Freund Ihres Hauses ist, wird anschaulich vor Augen gestellt.

Schließlich spürt man es Ihnen förmlich an, daß das Motiv dieses Erlebnisberichtes von Ihrem Wunsch und Willen geprägt ist, dieses immer wieder verkannte und nicht erkannte Krankheitsbild einer Depression unter dem Gesicht von Angst- und Panikzuständen bekannt zu machen, um anderen zu helfen. Sie werden sicher staunen und auch entsetzt sein, wenn ich Ihnen sage, daß Sie zu den wenigen Glücklichen zu zählen sind, die schon nach knapp einem Jahr den Weg zum Antidepressivum gefunden haben. Ich kenne Patienten, die weit länger gelitten haben, darunter befinden sich einige, die 8, 10, ja 12 und 15 Jahre unter diesen Zuständen litten, ohne daß sie erkannt wurden.

Sie werden sich fragen, wie lange Sie das Antidepressivum einnehmen sollen? Etwa ein ganzes Leben lang? In zwei, drei Sätzen läßt sich das schwer sagen. Das ist bei jedem Patienten verschieden. Ich rate Ihnen folgendes: Nehmen Sie es mindestens ein halbes Jahr in der Dosis weiter ein, die den Erfolg brachte. Setzen Sie es keineswegs nach wenigen Wochen ab, weil es Ihnen gut geht! Nach einem halben Jahr schleichen Sie sich langsam aus, so daß Sie erst nach einem Jahr ganz ohne Medikament sind. Vergessen Sie aber nicht, daß Ihr Arzt, der Sie bislang begleitet hat, dies auch weiterhin tun wird. Mit ihm bleiben Sie im Gespräch.

Aus der klinischen Erfahrung der letzten 20 Jahre kann ich Ihnen sagen, daß es in ca. 50% der Fälle gut geht, d. h. daß Sie dann für die nächsten Jahre ohne jegliches Medikament auskommen, wenn Sie es nach ca. einem Jahr völlig abgesetzt haben. Seien Sie aber nicht erschrocken, wenn »Es« sich irgendwann wieder meldet. Sie wissen ja, aus welcher Ecke der Feind jetzt kommt. Zögern Sie dann nicht, wieder mit der Therapie zu beginnen und denken Sie daran, daß die Therapie mit Antidepressiva keine Therapie ist, die abhängig macht wie die Therapie mit Tranquilizern und daß sie nicht gefährlich ist, sondern daß Depressionen und Ängste mit Antidepressiva heute ebenso erfolgreich behandelt werden, wie andere Krankheiten in der Medizin mit anderen wirksamen Medikamenten.

Lassen Sie mich wissen, wie es mit dem Manuskript weitergeht.

Mit freundlichen Grüßen
Ihr

Prof. Dr. R. Meyendorf

Erlebnisbericht einer Depression und ihrer Heilung

☰ Das Erwachen aus dem Alptraum

Monte Vibiano, 11. Juli 1989

»Wo ist mein Chi-Chi, Mama...?« die Stimme meines kleinen
Sohnes Michael weckt mich aus tiefem Schlaf. »Pssst!« mache ich, komme langsam zu mir; ich habe leichte Orientierungsschwierigkeiten, als
ich aus dem Bett steige und im Dunkeln nach der nahen Wand taste. Es
ist die dritte Nacht unseres Urlaubs, und die neue Umgebung ist mir
noch etwas fremd. Hinter mir höre ich meinen Mann Robert tief und fest
schlafen. Auf Zehenspitzen taste ich mich weiter, bis ich den Rand des
Kinderbettchens erreicht habe. Mischi, wie wir unseren kleinen dreiein-
halbjährigen Nachzügler nennen, ist wieder ganz still; er hat wohl nur
im Traum sein Spieläffchen Chi-Chi gesucht. Ich beuge mich über sein
Bett, fühle sein Lockenköpfchen, sein warmes Gesicht und drücke ihm
leise einen Kuß auf die Stirn. »Schlaf schön,« flüstere ich und taste mich
weiter in Richtung Bad. Wir wohnen im 2. Stock eines alten Schlosses,
Castello Monte Vibiano, benannt nach dem Hügel, auf dessen Kuppe das
Gebäude aus dem 16. Jahrhundert in 600 m Höhe über dem Meeresspie-
gel liegt. Die alte Türe des Badezimmers schließt nicht ganz dicht, durch
den Spalt der Öffnung scheint es hell. Vorsichtig drehe ich den Knauf
nach rechts, trete ins Bad und schaue auf meine Uhr. Es ist zehn vor fünf
Uhr morgens. Durch das milchige, grobgerippte Glas des Fensters ahne
ich, daß mein Mischi mich gerade zur rechten Zeit geweckt hat, einen
schönen Sonnenaufgang zu erleben. Leise öffne ich das Fenster und
halte bei dem Anblick, der sich mir bietet, unwillkürlich einen Moment
den Atem an: Vor mir liegt die endlos weite, traumhaft schöne Hügel-
landschaft Umbriens, in der sich harmonisch Sonnenblumenfelder,
sanft ansteigende Hänge mit Reben, Obstplantagen, hochragende Zy-
pressen, vereinzelte, idyllisch gelegene kleine Dörfer und Gehöfte zu
einem herrlichen Landschaftsbild zusammenfügen. Über allem steigt
fern im Osten die Sonne auf, die durch den Schleier des morgendlichen
Dunstes der ganzen Szene etwas Mystisches verleiht.

Tief beeindruckt von dieser überwältigenden Schönheit stehe ich gedankenverloren da. Es ist der Morgen meines 42. Geburtstages. In den vergangenen sieben Monaten habe ich oft daran gezweifelt, diesen Tag, diesen Urlaub überhaupt noch zu erleben. Jetzt empfinde ich ein unbeschreibliches Glücksgefühl, ein Gefühl der Hoffnung, der Dankbarkeit und ein Gefühl der Lebensfreude, wie ich es in solcher Intensität nie zuvor erlebt habe!

Seit genau einer Woche bin ich nahezu ohne Beschwerden – schmerzfrei. Das entsetzliche Gefühl der Angst hat mich nicht mehr befallen. Ganz langsam fange ich an zu glauben, daß mein Leben sich wieder normalisieren wird, daß ich dieses heimtückische Leiden, das mich seit dem vergangenen Dezember unzählige Male an den Rand der Verzweiflung getrieben hat, besiegen werde.

Alleine habe ich es nicht geschafft. Es waren glückliche Zufälle, die mir den richtigen Weg wiesen, und heute, an diesem wunderbaren Morgen in Umbrien, schwöre ich dem lieben Gott (was auch immer sich außerhalb unseres Vorstellungsvermögens hinter diesem kindlichen Wort verbergen mag)... ich schwöre, daß ich die Geschichte meiner Krankheit niederschreiben werde, um möglichst vielen Betroffenen auf diese Weise zu helfen, ein zeitweilig fast unerträgliches Leiden zu heilen.

Zunächst aber liegen drei Wochen Urlaub vor mir, und diesen Urlaub werde ich genießen; er soll für mich der Beginn eines neuen Lebensabschnitts werden. Hier möchte ich wieder die lebensfrohe, stets optimistische Frau werden, die ich vom Naturell her immer war.

≡   Wie alles begann

Hätte mir jemand vor einem Jahr gesagt, daß ich an einer ›Depression‹ erkranken würde, daß aus mir binnen weniger Wochen ein völlig hilfloses, tablettenabhängiges Wesen werden würde – ich hätte jeden lauthals ausgelacht!

Ich bin in zweiter Ehe mit einem Unternehmer verheiratet. Sein mittlerweile 20jähriger Sohn Stefan, meine 19jährige Tochter Nina und unser gemeinsames Nesthäkchen Michael harmonieren mindestens so gut miteinander, als seien sie echte Geschwister.

Materiell leben wir in besten Verhältnissen, ohne wirkliche Sorgen – bis zu jenem Tag, als mich Todesangst befiel – ganz plötzlich, ganz unerwartet...

Der 3. Dezember 1988 war ein Samstag, es war der erste Advent. Am Abend zuvor hatten wir befreundete Ehepaare zu einem vorweihnachtlichen Essen eingeladen. Ich bereitete ein spanisches Fischessen zu, eine »Zarzuela«, dazu tranken wir einen hervorragenden Sancerre. Es wurde ein geselliger, fröhlicher Abend, und ich trank mehr Wein, als mir guttat. Das machte sich am nächsten Morgen, nach nur wenigen Stunden Schlaf, sehr deutlich und sehr unangenehm bemerkbar. Ich hatte einen ausgewachsenen Kater, und als mir meine Tochter anbot, ihren kleinen Bruder nach dem Mittagessen mit auf den Weihnachtsmarkt zu nehmen, freute ich mich, denn so würde ich zu einem ausgiebigen Mittagsschlaf kommen.

Als es soweit war, als ich hätte schlafen können, ging es ganz einfach nicht mehr. Eine große Unruhe war plötzlich in mir, und so stand ich wieder auf, zog mich an und schaute nach dem Wetter. Es war ein neblig trüber Nachmittag, nicht gerade einladend für einen Spaziergang. Andererseits würde es mir nicht schaden, ein bißchen zu marschieren, und unserem geliebten Vierbeiner Joschi würde ich eine Riesenfreude machen – also auf!

Wir wohnen direkt am Rand des Waldes, und wenn man möchte, kann man von unserem Haus aus stundenlang durch den Wald laufen, ohne auch nur einem Menschen zu begegnen. Ich ging forschen

Schrittes los, mußte immer wieder meinen Hund ermahnen, nicht so fürchterlich zu ziehen. Nach einer Weile geriet ich ins Schwitzen und fühlte mich körperlich wieder ziemlich fit, obwohl meine Stimmung eher melancholisch war. Ich hasse dieses triste Winterwetter, diese feuchte, graue Luft, in der man sich nicht einmal traut, tief durchzuatmen. Warum war ich nicht mit meinen Kindern auf den Weihnachtsmarkt gegangen? Ich wollte für eine Weile meine Ruhe haben; hier herrschte absolute Ruhe. Nur das Hecheln meines Joschi, der es nie lernen wird, gesittet an der Leine zu laufen, nur dieses schnelle Keuchen, meine Schritte und mein eigener, immer kürzer werdender Atem – das waren alle vernehmbaren Geräusche. Kein zwitschernder Vogel, kein eilig springendes Reh. Mit einem Male hatte dieser Weg, den ich schon so oft entlanggegangen war, etwas beklemmend Fremdes an sich. Obwohl ich bereits sehr schnell ging, beschleunigte ich meinen Schritt noch mehr. Jetzt war ich eine knappe Stunde unterwegs, und in zehn Minuten würde ich die Lichtung erreicht haben. Von dort waren es noch mal zehn Minuten bis nach Hause. *Wäre ich nur schon da...* Blödsinn, sagte ich zu mir selbst. Ich hatte noch niemals Angst gehabt, alleine durch den Wald zu laufen, noch dazu mit Hund... Ich hörte mein lautes Herzklopfen förmlich... kein Wunder, die letzte Nacht: zuviel Wein, zuviele Zigaretten, zuwenig Schlaf... *Bald hab' ich es geschafft; nur noch ein bißchen bergan, durch die freien Felder bis zu unserem kleinen Wäldchen vor der Haustür*, ca. 300 Meter... Da befiel mich ganz plötzlich ein Gefühl, das ich noch nie zuvor gespürt hatte. *Wird mir jetzt schwindlig? Gleich werden schwarze Flecken auftauchen? Ein kleiner Kreislaufkollaps ... kein Wunder ... nein, kein Kollaps...* Mein Herz klopfte plötzlich wie verrückt, rasend schnell, dann »überschlug« es sich... Mein Kopf, etwas ganz Seltsames ging da vor sich. Es war kein Schmerzgefühl, sondern Panik, die mich befiel – Todesangst! *Gleich passiert mir etwas Entsetzliches, Endgültiges ... ich sterbe ... meine Kinder, ich werde sie nie mehr sehen...* Ganz langsam ließ ich mich in das feuchte Gras am Wegesrand nieder ... es wurde immer schlimmer.

Mein Hund, den ich gerade von seiner ungeliebten Leine erlöst hatte, sprang um mich herum, gab jaulende Töne von sich, beschnupperte mich, lief unruhig hin und her. »Joschi«, rief ich, mit einer Stimme, die mir nicht gehörte. Ich versuchte, aufzustehen – schaffte es zunächst nicht. Kein Mensch war irgendwo zu sehen... *Lieber Gott, hilf mir, bitte,*

bitte, hilf mir… Irgendwie schaffte ich es dann doch, auf die Beine zu kommen. »Joschi, komm; komm zu mir,« rief ich immer wieder – wahrscheinlich um mir bewußt zu machen, daß ich noch lebte. Irgendwie ereichte ich unser Haus, stieß die nur angelehnte Tür auf und rief meinem Mann zu: »Robert, schnell! Ich glaub', ich muß sterben … ich krieg' einen Herzinfarkt, oder einen Gehirnschlag … ruf Martin an, schnell, mir ist hundeelend…« Martin ist unser Hausarzt und Freund. Er war am Abend zuvor einer unserer Gäste. Es dauerte nur wenige Minuten, bis er zur Stelle war.

Blutdruck, Puls … alles normal!

»Das ist sicher ein Kreislaufkollaps – wir haben ja gestern auch ganz schön zugeschlagen. Mir geht's heute auch nicht besonders.« – »Nee, Martin, es muß was anderes sein; ich habe Todesangst, anders kann ich es nicht beschreiben, mich hat eine Panik befallen, wie ich sie noch nie zuvor gehabt habe!« Er spritzte mir ein Beruhigungsmittel – eine »Extra-Portion«, wie er scherzhaft sagte, mit der ich bestimmt tief und fest schlafen würde. Morgen würde es dann wieder besser sein…

Ich legte mich ins Bett, um zu schlafen. Kaum war ich allein im Schlafzimmer, begann ich zu weinen, grundlos; … ich konnte nicht aufhören, weinte schließlich so schluchzend und laut, daß es mein Mann hörte, zu mir kam, um mich irgendwie zu trösten. Er war verständlicherweise ziemlich ratlos, wußte mit dieser plötzlich eingetretenen unbekannten Situation nichts anzufangen. »Du mußt es doch erklären können, wie und wo's dir fehlt. Du bist doch sonst in der Lage, dich verständlich auszudrücken. Vor was hast du denn Angst?« Trotz meiner schlechten Verfassung wurde mir irgendwie sofort klar, daß dieser Zustand, den ich selbst zu diesem Zeitpunkt nicht zu deuten wußte, jedem anderen absolut unbegreiflich sein mußte. »Laß' mich nur, ich bin schlecht dran; morgen ist's sicher wieder besser.« Das sagte ich ohne Überzeugung. Ich fühlte, etwas war mit mir passiert, etwas, was ich nicht so einfach wegstecken würde.

Inzwischen waren auch unsere Kinder zuhause eingetroffen. Sie schauten mich betroffen und zugleich ungläubig an. Ihre Mama plötzlich krank – das kannten sie nicht.

Niemand von uns konnte damals ahnen, welchen nervlichen Belastungen die ganze Familie in den folgenden Monaten ausgesetzt sein würde, verursacht durch ein qualvolles Leiden, das mich zeitweilig glauben ließ, wahnsinnig zu werden ... oder es schon zu sein. Zurück zu jenem Abend.

Je später es wurde, um so elender fühlte ich mich. Das Beruhigungsmittel mußte doch längst wirken. Anstatt etwas ruhiger zu werden, wühlte »Es« immer stärker in mir. Meine Hände und mein Po waren eiskalt, so, als würden sie von der Durchblutung ausgeschlossen. Ganz grobe »Gänsehaut«, wie ich sie nie zuvor hatte, überzog intervallartig meinen Körper.

»Die Angst sitzt im Nacken« – wie wahr! In meinem Hinterkopf, speziell im Nacken, schienen sich alle dort befindlichen Nerven ineinander verknotet zu haben. Ein Zustand totaler Verkrampfung setzte ein, immer in Verbindung mit dem Gefühl, daß der nächste Moment für mich tödlich sein würde. Ich wagte es kaum, mich zu bewegen. Meine Tochter blieb lange an meinen Bett sitzen; sie hatte ihren kleinen Bruder versorgt und schlafen gelegt. Nun schaute sie mich immer wieder an, fragend, hilflos. »Was kann ich denn für dich tun, was kann den *das* nur sein?« – »Du bist lieb, das ist ein gutes Gefühl. Jetzt geh' nur ins Bett, es wird zu spät für dich. Bald wird Robert kommen, dann bin ich nicht allein.« Ich bat sie noch, die Türen aufzulassen, damit sie mich hören könnten, falls es mir plötzlich ganz schlecht gehen sollte...

Kaum war Nina weggegangen, überfiel mich erneut ein Weinkrampf, ein verzweifeltes, hemmungsloses Weinen, das nicht enden wollte. Ich versuchte, mich dagegen zu wehren, versuchte aufzustehen, um ins Bad zu gehen ... ich war nicht fähig dazu.

Irgendwann hörte ich auf zu weinen, war völlig erschöpft und kraftlos. Bald darauf kam mein Mann und ging auch zu Bett. Das gab mir eine gewisse Sicherheit. Es dauerte nicht lange, dann hörte ich ihn tief und gleichmäßig atmen. *Laß mich auch schlafen, lieber Gott, bitte laß mich schlafen* ... Wie schnell man doch dazu neigt, fromm zu werden, wenn es einem nur schlecht genug geht...

Weit nach Mitternacht schlief ich schließlich ein. Als ich am Sonntagmorgen kurz vor sieben aufwachte, glaubte ich für einen Moment, alles sei nur Spuk gewesen, ein böser Traum. Ich stand auf, etwas benommen ging ich ins Bad, trat ans Waschbecken, schaute in den Spiegel – und wollte einfach nicht glauben, daß es mein Gesicht war, das mir entsetzt entgegenstarrte: graue Haut, tief zurückliegende, unnatürlich große, trübe Augen, scharfe Falten von den Nasenflügeln zu den Mundwinkeln. Wie konnte es nur möglich sein, sich über Nacht so zu verändern?! Ich war um Jahre gealtert!

Mir wurde schwindlig. Ich hatte das Gefühl, den Boden unter meinen Füßen zu verlieren. Ich setzte mich für einen Moment auf den Badewannenrand, ganz langsam richtete ich mich wieder auf, stützte mich an der Wand ab und ging Schritt für Schritt, ganz vorsichtig weiter, bis ich das Wohnzimmer und dann die Couch erreichte. Kraftlos ließ ich mich dort nieder und weinte erneut, heftig und verzweifelt. Ich muß Martin anrufen, ihn bitten, nochmal zu kommen, das kann ich so nicht aushalten ging es mir durch den Kopf. Sonntagmorgen war's, d.h. ich mußte mich noch eine Weile gedulden; das war der einzige Tag der Woche, an dem er länger schlafen konnte.

Er kam gegen neun Uhr. Mein Mann war mittlerweile auch aufgestanden, bereitete einen Tee zu. Mein Arzt fragte mich ausführlich nach dem Verlauf der Nacht und war höchst verwundert, daß seine ›spezielle‹ Beruhigungsspritze nahezu wirkungslos geblieben war. Er mochte es einfach nicht glauben.

Im Laufe des ausführlichen Gespräches kam er mehr und mehr zu der Ansicht, daß meine plötzlich aufgetretene Krankheit psychosomatischer Art sein könne, obwohl ich – wie er mich kenne und einschätze – absolut nicht der Typ sei, den ›sowas‹ befalle, aber das könne man natürlich nie genau sagen... Bevor er ging, verabreichte er mir noch eine Spritze eines »Stimmungsaufhellers« und verschrieb mir einen ›Angstlöser‹, ein modernes Beruhigungsmittel, das sich besonders bei Angstzuständen bewährt habe. Der Name des Medikamentes kam mir irgendwie bekannt vor – es würde mir schon wieder einfallen...

Dr. A. verschrieb mir an jenem Morgen auch noch ein Schlafmittel, dessen Wirkung bereits nach Minuten einsetze; viel schlafen, das sei jetzt sehr, sehr wichtig.

Nun möchte ich an dieser Stelle einfügen, daß ich die Einnahme jeglicher Medikamente rein gefühlsmäßig ablehne – und seitdem ich vor vielen Jahren miterleben mußte, wie mein liebster Jugendfreund während seines Medizin-Studiums tablettensüchtig wurde und mit 32 Jahren – gewollt oder ungewollt – an einer Überdosis starb, seit dieser Zeit habe ich fast eine Aversion gegen Tabletten.

Meine beiden Großen und mein Mann kümmerten sich mit vereinten Kräften um unseren kleinen Mischi, der natürlich am allerwenigsten verstehen konnte, warum seine Mama auf einmal ständig auf der Couch oder im Bett lag! Unterdessen versuchte ich, eine Erklärung für diesen plötzlichen Zusammenbruch zu finden.

– Seit drei Monaten hatte ich unter extremem Schlafentzug gelitten. In dieser Zeit wachte mein kleiner Sohn jede Nacht zwei- bis dreimal auf, war hellwach und wollte unterhalten werden. Ihn einfach zu mir ins Bett nehmen, das tat ich mit Rücksicht auf meinen Mann nicht. Er leidet ohnehin zeitweilig unter Schlafstörungen, hat einen langen und anstrengenden Arbeitstag, braucht also folglich möglichst ungestörte Nachtruhe.

– Während dieser ganzen Wochen quälte mich eine verschleppte Erkältung, die nach vermeintlicher Besserung immer wieder neu aufflammte. Nach einigen Wochen fühlte ich, wie meine Kräfte nicht nur physisch nachließen – meine Nerven machten auch nicht mehr mit. Immer schneller war ich »gereizt«, wurde den Kindern gegenüber ungerecht, brauste grundlos, wegen kleinster Kleinigkeiten auf. Meine Hausarbeit erledigte ich nicht mehr zufriedenstellend, ich war einfach nicht mehr in der Lage dazu.

– Am späten Nachmittag, bevor mein Mann heimkam, putschte ich mich mit größeren Mengen Tee oder Kaffee, zuweilen auch mit Alkohol auf, um am Abend wenigstens noch ein bißchen »fit« zu sein. Aber die vermeintlich positiv stimulierende Wirkung

blieb immer öfter aus. An ihre Stelle trat eine immer dominie-
render werdende Unzufriedenheit mit mir selbst: Ich »funktio-
nierte« nicht mehr...
– Und dann kam jener 3. Dezember, an dem mich Panik und
Todesangst befielen. War das nur eine natürliche Folge meines
zweifellos geschwächten Immunsystems? Oder steckte etwas
ganz anderes dahinter? Diese Verkrampfungen im Kopf – nur
die Nerven? Oder vielleicht ein Gehirntumor, der sich plötzlich
bemerkbar machte? Nein, nein, nein... den Gedanken wollte ich
nicht weiterverfolgen! Und wenn es doch so wäre? Wie würde
ich mich dazu stellen? Unvorstellbar – es *darf* einfach nicht
sein!

Meine Tochter hatte zwischenzeitlich die verordneten Medikamente besorgt, und ich nahm einen dieser »Angstlöser« in der Hoffnung
auf rasch eintretende Besserung! Dann las ich die beiliegende Beschreibung:»... nach längerer Einnahme Abhängigkeit ... Nebenwirkungen:
... bis hin zu Selbstmordabsichten ...« – Das kam mir alles reichlich
übertrieben vor. Sicher diese völlig überzogenen Bestimmungen... Und
dann fiel mir ganz plötzlich ein, in welchem Zusammenhang ich den
Namen schon gehört hatte: Das tragische Ende des schleswig-holsteini-
schen Ministerpräsidenten Uwe Barschel im Herbst '87; Barschel war
von diesem Mittel abhängig und hatte es sich von mehreren Ärzten
gleichzeitig verschreiben lassen, um seinen Bedarf zu stillen. Damals las
ich auch von starken Persönlichkeitsveränderungen, die durch derartige Psychopharmaka hervorgerufen werden!

Mich schüttelte es bei dem Gedanken, auf derartige Mittel jetzt
angewiesen zu sein. Vielleicht, hoffentlich, geht das bei mir schnell
wieder vorbei, und dieses Medikament werde ich nicht nehmen! Abends
nahm ich eine Schlaftablette mit »Sofort-Wirkung«, schlief dann auch
prompt ein.

Am nächsten Morgen jedoch stellten sich alle Beschwerden
wieder ein. Unsicherheit in den Beinen, Schwindel, Verkrampfung,
Angst... Widerwillig nahm ich einen »Angstlöser«, denn ich mußte meinen Mischi versorgen, meinem Mann wollte ich Frühstück bereiten, und
um 8.30 Uhr würde Gott sei Dank meine Haushaltshilfe kommen. (Was

wäre, wenn ich sie gar nicht hätte, wenn wir uns eine Hilfe einfach nicht leisten könnten? Dann müßte ich mir selbst helfen, irgendwie müßte es auch dann weitergehen.) Ich wollte mir alle Mühe geben, mich so gut wie möglich zusammenreißen.

Das wäre das erste Mal in meinem Leben, daß ich mit einer schwierigen Situation nicht fertig würde. – Wenn es nur nichts Ausweg- loses ist ... nein ... auf keinen Fall so denken!

Zunächst bat ich Dr. A. nochmals zu mir, um mir etwas anderes verschreiben zu lassen. Als ich ihm erzählte, daß mir die entsetzliche Barschel-Geschichte eingefallen sei, lachte er und sagte, er habe nur darauf gewartet, daß ich darauf käme. Wenn meine Abneigung dagegen so groß sei, würde er mir was anderes geben, eigentlich »dasselbe in Grün«, aber mit anderem Namen. Ich genierte mich etwas. Gewiß wollte er mir nur helfen, damit es mir so bald wie möglich wieder besser würde. Natürlich war mir klar, daß jedes Mittel dieser Art zur Gefahr wird, wenn man es mißbraucht. Am nächsten Morgen wollte er mir Blut abnehmen. »Wir müssen jetzt erstmal feststellen, ob wir organische Schäden ausschließen können.« – Ja, ich hatte ohnehin schon ein schlechtes Gewissen, denn seit Mischis Geburt, die ich vor drei Jahren ohne jede Komplikation in zwei Stunden »erledigt« hatte, war ich zu keiner weiteren Untersuchung mehr gegangen.

Dann berichtete mir Dr. A., daß er noch zwei andere Patientin- nen mit solchen Symptomen habe. Ein junges Mädchen von 18 und eine Frau, etwas jünger als ich. Ebenso wie ich ›in gesicherten Verhältnissen‹ lebend, ohne materielle Sorgen. Leider müsse er mir auch noch sagen, daß diese Krankheit, welche Ursachen sie auch immer haben möge, in beiden Fällen schon sehr lange anhalte; eineinhalb Jahre bei der Acht- zehnjährigen und bei der anderen Patientin nunmehr sieben Monate. Die Angstzustände kehrten immer wieder. Am besten sei es, den Zu- stand zu akzeptieren und sobald wie möglich autogenes Training zu erlernen.

Das war ein erneuter Schlag für mich. Etwas in Geduld zu ertragen, es einfach hinzunehmen, das gehört zu meinen absoluten Schwächen. Ich hasse Situationen, die mir ein völlig passives Verhalten abverlangen! Und autogenes Training, das ist für mich auch so eine Sache. Ich bewundere Menschen, die derlei Übungen perfekt beherrschen, ganz aufrichtig, weiß auch von den großen Erfolgen, die mit diesen Methoden erzielt werden – aber ich habe mich bislang nie mit solchen Praktiken auseinandergesetzt, weil ich einfach nicht der Typ dazu bin, glaube ich. Sollte das jedoch der einzige Weg sein, mich von meinen Beschwerden zu befreien, so werde ich es erlernen, so gut es mir möglich ist.

Was mich im Moment viel mehr interessiert hätte, wären die Namen der anderen Betroffenen gewesen. Aber Dr. A. ging nicht weiter darauf ein, als ich versuchte, von ihm diesbezüglich etwas mehr zu erfahren. Ärztliche Schweigepflicht, die ich respektiere. Zu gerne hätte ich mich mit jemandem unterhalten, der sich aus eigener Erfahrung zu dieser seltsamen Krankheit äußern konnte – aber darauf sollte ich noch eine Weile warten müssen.

Jetzt mußte ich mich zuerst einmal an den richtigen Umgang mit den neuen stäbchenförmigen Tabletten gewöhnen. Meine Abneigung gegen Medikamente, speziell Tranquilizer, war offensichtlich noch größer, als ich bisher angenommen hatte. Es kostete mich einige Überwindung, diese Stäbchen zu teilen und zu schlucken, und ich nahm mir fest vor, so ›sparsam‹ wie möglich damit umzugehen. Außerdem hatte mir Dr. A. gesagt, daß nun auch die Depot-Spritze, die er mir einmal wöchentlich verabreichte, eine Wirkung zeigen müsse. »Du darfst dich jetzt nicht mit Gewalt gegen diese Mittel wehren, mir steht im Moment nichts Besseres zur Verfügung, um dir zu helfen. Natürlich kann ich dich an einen Psychotherapeuten überweisen, aber damit setzt du ein Rad in Bewegung, das nicht mehr aufhört, sich zu drehen; die fangen an beim ersten Furz, der dir im Mutterleib quergelegen hat.« Ich mußte lachen: »Nee, nee Martin, das werde ich mir ersparen, davon halt' ich sowieso nix. Außerdem habe ich die Hoffnung, daß es vielleicht doch bald vorübergeht!« Ja, das hoffte ich nicht nur, vielmehr glaubte ich ganz fest daran.

In den ersten Tagen nahm ich morgens, mittags und abends je ein halbes Stäbchen. Die Panik blieb aus, aber ich fühlte mich insgesamt sehr unsicher, zeitweilig schwindlig, und ich reagierte auf jede Kleinigkeit äußerst schreckhaft, überempfindlich. Außerdem war es mir ganz unerträglich, wenn ich niemanden in der Nähe wußte. Dr. A. erkundigte sich täglich nach meinem Zustand. Am vierten Tag teilte er mir mit, daß meine Blutwerte optimal ausgefallen seien, geradezu beneidenswert. Gott sei Dank – insgeheim hatte ich schon befürchtet, organisch ziemlich angeschlagen zu sein. Mein Alkohol- und Zigaretten-Konsum war in der Vergangenheit – zumindest zeitweise – beträchtlich. Um so mehr freute ich mich über diese positive Nachricht. Meine Freude teilte Dr. A. allerdings nur bedingt; eine eindeutige Krankheit, die man ›gezielt‹ behandeln könnte, wäre ihm schon lieber gewesen. Er betonte nochmals, daß ich zunächst lernen müsse, mich so zu akzeptieren, wie ich jetzt war. Und wenn »Es« mich wieder überkomme, immer denken: »Es passiert nichts, es geht wieder vorbei...« – Das sagt sich so einfach! Ich war noch weit davon entfernt, mich als psychisch erkrankt zu akzeptieren.

Ging es mir mehrere Stunden lang gut, so war ich anfangs jedesmal aufs neue überzeugt davon, wieder in Ordnung zu sein. Um so größer war stets die Enttäuschung, wenn »Es« wiederkehrte, »Es«, das ›Angst-Syndrom‹, von dem ich erst viel später erfahren sollte, daß es sich um eine Depression handelte.

Mein Mann und meine Kinder brauchten eine Weile, um sich daran zu gewöhnen, eine völlig veränderte Frau und Mutter zu haben. Wenn sie heimkamen, trafen mich immer angstvoll fragende Blicke. Ging es mir nicht gerade ganz schlecht, versuchte ich, möglichst optimistisch zu erscheinen, machte Witze über die jämmerlichen »Zustände«, die mehrmals täglich auftraten. Dabei mußte ich mir eingestehen, daß sich mein allgemeiner Zustand laufend verschlechterte. Appetit hatte ich kaum noch; zum Essen mußte ich mich regelrecht zwingen. Meine Gewichtsabnahme, über die ich mich normalerweise gefreut hätte, begann mich zu ängstigen. Ich rauchte seit jenem Tag keine Zigarette mehr, trank keinen Schluck Alkohol – vor beiden »Genußmitteln« (die sie vordem für mich waren) hatte ich regelrecht Angst, als würde mich die geringste Menge davon umbringen.

Übertriebene Angst entwickelte sich in mir vor allen nur denkbaren Gefahren. So hatte ich keine ruhige Minute, wenn meine Tochter noch abends mit dem Auto unterwegs war. Verspäteten sich Stefan und

Nina mittags mit dem Heimfahren, war ich gleich in übertriebener
Sorge, es könne ihnen etwas zugestoßen sein. War mein kleiner Mischi
nachmittags bei Frau P., so dachte ich ständig darüber nach, was ihm
dort vielleicht zustoßen könne, etwa Treppen-Hinunterfallen, Auf-die-
Straße-Laufen usw. Einerseits hatte ich ein schlechtes Gewissen, weil
ich ihn nun öfter nachmittags dorthin gab, andererseits war es mir
absolut unmöglich, mich um ihn zu kümmern. Obwohl ich mir selbst
darüber klar war, daß meine Gedanken, Ängste, Sorgen ganz und gar
übertriebene Ausmaße angenommen hatten, war ich nicht in der Lage,
mich diesbezüglich zu zügeln.

Sexuelle Gefühle hatte ich nicht mehr – wohingegen sich mein
Bedürfnis nach Liebe, im Sinne von Geborgenheit und Zärtlichkeit,
unendlich steigerte. So empfand ich ein intensives Glücksgefühl, wenn
ich meinen kleinen Sohn abends mit zu mir ins Bett nahm, ihm Ge-
schichten erzählte, mit ihm betete und manchmal zusammen mit ihm
einschlief. Diesen kleinen warmen Körper an meiner Seite zu spüren,
seinem ruhigen, friedlichen Atem zu lauschen, seine kleinen Hände zu
fühlen, die hin und wieder im Schlaf nach mir suchten – etwas Wohltu-
enderes hätte ich mir kaum vorstellen können. Nach zwei, drei Stunden
trug ich ihn dann in sein Bett, nahm noch eine halbe, manchmal auch
eine ganze Schlaftablette und konnte meistens bis in die frühen Morgen-
stunden durchschlafen.

Mittlerweile stand das Weihnachtsfest vor der Tür. Vorbereitungen hatte ich noch nicht getroffen, weil es mir unmöglich war einzukaufen. Beim Metzger, beim Bäcker, in unserem kleinen Supermarkt –
überall hatte es mich schon erwischt, während ich dort nur meine kleinen täglichen Besorgungen erledigen wollte. Seitdem ich einmal im
Supermarkt völlig den Boden unter den Füßen verlor, in einer Ecke
zusammenkauerte und nicht mehr glaubte, auch nur ein paar Schritte
gehen zu können, mich schließlich nach Hause fahren lassen mußte,
seitdem traute ich mich nicht mehr, das Haus zu verlassen. Unser Heim
wurde für mich zum Gefängnis. Telefonisch gab ich täglich in den einzelnen Geschäften meine Bestellungen auf, ließ morgens das Notwendigste
zum Kochen von Frau P. mitbringen, die übrigen Besorgungen machten
nachmittags meine Kinder.

Dann kam jener Sonntag vor Weihnachten, an dem es mich besonders traf. Es war gegen 19.30 Uhr, Mischi schlief ausnahmsweise schon, und ich hatte mir noch einen Schlaf- und Beruhigungstee aufgegossen, den ich jetzt täglich zweimal trank, abends bevor ich ins Bett ging als ›Ersatz‹ für die Schlaftablette, denn die wollte ich mir unbedingt wieder abgewöhnen. Gerade als ich das Glas ansetzte, um einen Schluck zu trinken, da »überschlug« sich mein Herz mit einer solchen Heftigkeit, wie ich es bis dahin noch nicht gekannt hatte. Ich stürzte mich förmlich auf die Terrassentür, rang nach Luft; mein Mann war sofort bei mir. Ich suchte Halt bei ihm, keuchte: »Robert, ich kann nicht mehr, ruf schnell Martin an ... ich sterbe ...«. Mein Mann und Stefan, der herbeigeeilt war, brachten mich zur Couch, legten mich dort hin. Mein Herz raste wie verrückt. Vor meinen Augen nahm ich alles nur noch verschwommen wahr. Ich hielt ein Auge zu, dann das andere. Schloß ich die Augen, so kam es mir vor, als zuckten Blitze vor mir auf und erloschen wieder – das alles ging in Bruchteilen von Sekunden vor sich, wiederholte sich mehrmals hintereinander. Dann hörte ich, daß mein Mann mit Renate sprach, der Frau unseres Arztes: »... es geht ihr grad nicht so gut, wann kommt Martin denn heim...?« – Gerade nicht so gut... das war der passende Ausdruck! Ich schrie mehr, als daß ich es sagte: »Helft mir doch endlich, ich kann nicht mehr! Stefan, oben auf dem Kamin steht meine Medizin, gib mir schnell ein ganzes Stäbchen...!« Nachdem mein Mann den Hörer aufgelegt hatte, fuhr er mich an: »Du bist ja höchstgradig hysterisch – schrecklich!«

Ich hatte das Stäbchen ganz runtergeschluckt, stand langsam und vorsichtig auf und schlich mit Stefans Hilfe wie eine Greisin zu meinem Bett. Ich war verzweifelt, weinte hemmungslos. Es dauerte eine Weile, bis ich mich wieder halbwegs beruhigt hatte. Da trat meine Tochter mit vor Schreck geweiteten Augen ins Zimmer. »Mama, was war denn nur mit dir? Robert hat gesagt, es wäre besser, wenn du ins Krankenhaus gehst.« – »Und wer soll Mischi versorgen? Außerdem würde ich es dort nicht aushalten, alleine bei dem Wort *Krankenhaus* wird's mir schon ganz anders... nein, nein, das kommt nicht in Frage.« Ich sagte es mehr zu mir selbst, war jetzt ganz ruhig. Die Tablette wirkte. »Hysterisch« hatte mein Mann gesagt. Bin ich das wirklich? Habe ich gar keine »richtige« Krankheit? Bilde ich mir alles nur ein? Mache ich aus einer Mücke einen Elefanten und bin im Grunde nur ein armseliger

Hypochonder? Und diese ständigen Weinkrämpfe, in Wirklichkeit nichts weiter als elendes Selbstmitleid, das ich – bemerke ich es bei anderen – immer so heftig verurteile? Ich dachte nach, suchte nach einer akzeptablen Antwort – fand jedoch keine!

Stets hatte ich in schwierigen Situationen zu mir gesagt, was mein Vater mir als Kind eindringlich einschärfte: »Alles, alles was man ganz fest will, das kann man auch!« Es stimmte. Egal, in welchen Schwierigkeiten ich steckte, ich wollte immer einen Weg finden, und ich fand ihn auch. Und jetzt wollte ich mit allen Mitteln gegen diese Krankheit kämpfen – aber mein Wille schaffte es nicht; ich war kraftlos, machtlos... Plötzlich erinnerte ich mich an ein Madonnenbild, das bei meinen Großeltern im Schlafzimmer hing. Wenn ich als Kind bei ihnen schlafen durfte, so lag ich zwischen Oma und Opa und mein Blick fiel unwillkürlich auf dieses Bild. In silber-schwarzer Farbe stand in verschnörkelten Buchstaben darunter geschrieben: *Immer wenn du denkst, es geht nicht mehr, kommt von irgendwo ein Lichtlein her!* Warum fiel es mir gerade jetzt ein? Ich hatte an meinen Vater gedacht, an meine Kindheit – und daran, daß ich nun einen Punkt erreicht hatte, an dem ich nicht mehr weiter wußte. Und dann kam wirklich ein »Lichtlein«...

≡   Ein Jahreswechsel mit Höhen und Tiefen

Wir hatten vor, am zweiten Weihnachtstag zu Freunden nach Frankreich zu fahren, um dort den Jahreswechsel zu feiern! Bisher hatten wir noch nicht daran gedacht, meinetwegen abzusagen. Ich beschloß, das auch keinesfalls zu tun. Ein paar fröhliche Tage mit lieben Freunden und Bekannten würde vielleicht die ersehnte Wende meines Zustandes bringen. Stefan und Nina wollten ohnehin in die Berge zum Skifahren, und den Kleinen würden wir mit nach Frankreich nehmen. Ich begann, mich auf diese Tage zu freuen!

Zunächst aber ließ ich am folgenden Morgen ein EKG machen. Erwartungsgemäß fiel es absolut zufriedenstellend aus. Dr. A. sagte: »Ich bin aktiver Sportler, mein EKG sieht nicht anders aus als deins. Dieses ›Überpulsieren‹ hat nichts mit einer Herzerkrankung zu tun, es ist rein psychisch bedingt.« Er fragte noch nach meinem Medikamenten-Verbrauch und ich antwortete ihm, daß ich die Stäbchen »bei Bedarf« nehme, drei halbe, manchmal auch mehr. Das sei keine Dauerlösung, meinte Dr. A. Er verschrieb mir ein rein pflanzliches Beruhigungsmittel. Soweit möglich, sollte ich dieses harmlose anstelle des stärkeren Mittels nehmen. Als er mich nach meinem allgemeinen Befinden fragte, antwortete ich ihm, daß ich sehr frustriert sei, weil ich keinerlei Besserung verspürte.

Noch während ich in seinem Sprechzimmer saß, flackerte es mir plötzlich vor Augen; gleichzeitig stellte sich wieder dieses dumpfe, krampfende Gefühl im Kopf ein. Martin sah mir an, daß es mir nicht gut ging. Ich beschrieb ihm, was ich fühlte, kniff mir mehrmals mit Daumen und Zeigefinger die Nase zu, »schnaufte« kräftig, wie man es im Flugzeug bei der Landung macht, wenn der Druck die Ohren betäubt. »Du, ich möchte dir absolut keine Angst machen, aber du solltest wirklich möglichst bald zur Computertomographie gehen; bestimmt ergibt sich dabei nichts – du solltest es machen, weil's nun mal dazugehört. Dann können wir alles andere ausschalten, soll ich gleich einen Termin im Krankenhaus besorgen?« Ich hatte große Mühe, mir nichts anmerken zu lassen, wie sehr mich das traf. »Laß mich noch ein bißchen warten damit, Martin, ich mach's im neuen Jahr, wenn wir aus Frankreich zurück sind.« Er dachte also auch im stillen an einen Gehirntumor – und er hatte recht, wenn er auf einer CT bestand, denn sollte etwas sein, so war es wichtig, das so früh wie möglich zu erkennen.

Ich verabschiedete mich ganz schnell, lief zu meiner Freundin Ulla, die nur wenige Minuten entfernt wohnt. Ulla hatte sich, seitdem ich krank war, rührend und besonders hilfreich um mich gekümmert. Es verging kein Tag, an dem sie mich nicht besuchte oder wenigstens anrief, um mir zu sagen, wo sie telefonisch zu erreichen war, falls ich sie bräuchte. Es war ein großes Glück für mich, sie zu haben. Mit immer gleichbleibender Geduld hörte sie sich meine ständig neuen Theorien über denkbare Ursachen dieses »Syndroms« an, stand mir bei, wenn ich es nicht aushalten konnte, allein zu sein.

Nun war ich erleichtert, sie zuhause anzutreffen. Ich bat sie um ein Glas Wasser, denn ich hatte an diesem Morgen noch nichts eingenommen – jetzt war es nötig. Dann öffnete ich die Terrassentüre, trat hinaus und schnappte nach frischer Luft. Dabei lehnte ich mich an die Wand um einen gewissen Halt zu haben. Mir war, als müßte ich im nächsten Moment umfallen, aber das hatte ich schon oft gemeint, wirklich umgefallen war ich nicht. Ulla rückte mir einen Stuhl zurecht, fragte, was sie für mich tun könne. »Nichts, Ulla, vielen Dank, laß mich nur ein paar Minuten hier sitzen, dann geht's wieder.« – Als ich ihr dann von meiner Befürchtung bezüglich des Gehirntumors erzählte, versuchte sie gleich, mir dieses Schreckgespenst auszutreiben. »Hast du schon mal darüber nachgedacht, daß es auch hormonelle Störungen sein können? Vielleicht kommst du ziemlich früh in die Wechseljahre, das kann man nicht ausschließen.« – Ihr fiel immer wieder etwas ein, um mich zu trösten. Daran hatte ich natürlich auch schon selbst gedacht, diesen Gedanken allerdings schnell wieder verworfen, denn meine Periode hatte ich wie eh und je auf den Tag pünktlich. Trotzdem nahm ich mir vor, nach den Feiertagen meine Frauenärztin aufzusuchen.

Nachdem die Tablette wirkte, tranken meine Freundin und ich noch eine Tasse Kaffee miteinander und beschlossen, gleich nach dem Mittagessen zusammen in die Stadt zu fahren, um dort noch einige Geschenke fürs Weihnachtsfest zu besorgen. Am nächsten Tag, dem 20. Dezember, wurde mein Mann 54. Wenn wir schon seinen Geburtstag nicht feiern konnten, so wollte ich ihm doch wenigstens ein kleines

Geschenk machen. Ich fand ein interessantes Buch – Lesestoff für die Feiertage – und sein Lieblings-Eau-de-Toilette. Dann kaufte ich noch für meine Tochter einen besonders aparten Wandspiegel, den sie schon vor etlichen Wochen bei einem Stadtbummel so bewundert hatte. Daran würde sie nicht mehr denken und sich sicher riesig freuen! Alle anderen Geschenke hatte sie mir schon besorgt, so, wie sie sich überhaupt um vieles gekümmert hatte, was ich einfach nicht erledigen konnte.

Jetzt brauchte ich nur noch etwas Passendes für unsere Freunde in Frankreich zu finden – und in dem Geschäft, wo ich etwas Hübsches zu finden hoffte, überfiel mich wieder die Angst... In meinem Kopf verkrampfte sich alles. Wie gut, daß Ulla bei mir war! Wenn ich diese Zustände nun auch schon oft erlebt hatte, so empfand ich sie jedesmal aufs neue als lebensbedrohlich.

Am nächsten Tag wurde mir zum ersten Mal klar, daß meine Krankheit begann, bei meiner Familie Unverständnis und Mißmut auszulösen. Ich wollte meinem Mann am Morgen seines Geburtstages ein besonderes Frühstück zubereiten, ganz nach seinem Geschmack, mit frischem Orangensaft, Leberwurst und Brät und mit zwei weichgekochten Eiern im Glas, die er morgens besonders schätzte. Ihm ist es ärztlich untersagt, so üppig zu frühstücken – aber an seinem Geburtstag wollte ich ihm etwas Gutes bieten! Schon beim Aufsetzen des Wassers merkte ich, wie mir wieder schlecht wurde; schnell griff ich nach den Stäbchen und schluckte ein halbes – zu spät! Während ich noch die Eier ins kochende Wasser legte, kam mein Mann an den Tisch. Gratuliert hatte ich ihm schon, als ich ihn weckte. Jetzt konnte ich gerade noch sagen, daß seine Eier in 3 Minuten fertig wären – dann verlor ich wieder den Boden unter den Füßen. Es war, als würde ich ins Leere treten. Es kostete mich Überwindung, meinen Mann nicht um Hilfe zu bitten. Ich schaffte es schließlich, bis zur Couch zu kommen, legte mich dort hin. Große Enttäuschung über mich selbst stieg in mir auf: Ausgerechnet in diesem Moment mußte »Es« kommen! Ich wollte mit ihm gemütlich frühstücken – warum hatte ich die Tablette nicht sofort genommen, als ich aufgestanden war? Ich ärgerte mich sehr darüber. Natürlich, Dr. A. hatte mir geraten, das stärkere Mittel nur bei Bedarf zu nehmen und dann dauert es etwa 10–15 Minuten, bis die Wirkung einsetzt. Ich hätte heute daran denken müssen...

Während ich dort lag, hörte ich, wie mein Mann in die Küche ging, ich hörte ihn mit seinem Besteck hantieren, Tee einschenken ... schließlich hörte ich dann, daß er meine beiden kleinen Geschenke auspackte. *Jetzt wird er gleich kommen und sich bedanken...* Im selben Moment stand er auf, kam ins Wohnzimmer und ging direkt auf den Schrank zu, 5–6 Meter von mir entfernt, um dort eine frische Schachtel Zigaretten herauszunehmen. Ich zog mich hoch, schaute ihn an, worauf er sagte: »Bleib' nur liegen.« Dann drehte er sich um, ging zurück zum Tisch... Kein »Wird's besser?«, kein »Danke«, kein Küßchen, einfach nichts ... ich kann nicht glauben, daß er wußte, wie weh das tat.

Bevor mein Mann das Haus verließ, um in die Firma zu fahren, kam er, wie jeden Morgen, zu mir, sagte: »Ade und Dankeschön auch. Muß ich noch warten, bis Frau P. kommt?« – Küßchen – »Nein, nein, sie kommt ja gleich, geh' nur...« Mischi schlief ausnahmsweise noch. Ich begann zu weinen; weinte ich nur aus Selbstmitleid? Ich konnte nicht anders, als weinen, weinen... Es vergingen Minuten, bis ich mich beruhigte.

So kann es doch nicht immer weitergehen! Ich überlegte, was ich tun könnte, um diese »Zustände« besser unter Kontrolle zu haben. Ich beschloß, das stärkere Beruhigungsmittel für eine Weile ganz regelmäßig einzunehmen, nicht nur »bei Bedarf«. Vielleicht würden dann die Angst und die dazugehörigen Beschwerden gar nicht erst aufkommen – dann verliert es sich womöglich von selbst, wenn ich nicht jeden Tag aufs neue damit konfrontiert werde. So schlimm kann es schließlich auch nicht sein, die Dosis vorübergehend zu erhöhen. So nahm ich dann morgens, vormittags, am späten Nachmittag und am Abend jeweils ein halbes Stäbchen. Obwohl es mir auch damit nicht ausgesprochen gut ging, so blieben doch wenigstens diese entsetzlich bedrohlichen Zustände aus.

Als ich am Heiligen Abend mit meinen beiden Großen den Christbaum schmückte, während der Papa mit Klein-Mischi einen Spaziergang durch den weihnachtlichen Winterwald machte, überkamen mich sentimentale, traurige Gedanken: Ist das vielleicht das letzte Weihnachtsfest, das ich zusammen mit meiner Familie verbringe – nein ... bloß nicht soo denken!

Ich legte eine CD des »Rondo Veneziano« auf, poppige Klassik, die mich immer in gute Stimmung versetzte – das half! Nachdem wir unser »Werk« vollendet hatten, und den prächtigen Weihnachtsbaum mit kindlicher Freude begutachteten, ging es wieder besser. Ich verspürte mit einem Mal Lust, eine Zigarette zu rauchen, holte eine Schachtel aus dem Schrank, öffnete sie, nahm die Zigarette mit sehr gemischten Gefühlen heraus, und zündete sie mit leicht zittriger Hand an, so, als würde ich mich da auf eine höchst riskante Sache einlassen!

Nichts Schlimmes passierte ... im Gegenteil ... es schmeckte mir. Kein Herzklopfen, gar nichts! Darauf beschloß ich, am Abend zu unserem Lachsessen auch ein Glas Wein zu trinken, und zur Bescherung würde ich mit den anderen gemeinsam auch ein Glas Champagner versuchen. – Vielleicht muß ich mich einfach nur überwinden, zwingen, wieder ganz »normal« zu sein! Unser Heiligabend verlief besinnlich und gemütlich. Wir alle erfreuten uns an unserem Mischi, der vor lauter Freude und Aufregung erst nach zehn Uhr ins Bett ging. Ich schaffte es, bis kurz vor Mitternacht aufzubleiben. Ein Glas Wein und ein bißchen Champagner hatten sich nicht negativ bemerkbar gemacht. Ich fühlte mich wieder zuversichtlich und hoffnungsvoll, meine seltsame Krankheit zu besiegen.

Aber wie sich schon bald herausstellte, war das eine allzu trügerische Hoffnung. Am zweiten Weihnachtstag fuhren wir – wie geplant – zu unseren Freunden nach Frankreich. Außer meinem Mann und mir waren noch drei andere Ehepaare eingeladen, Freunde und gute Bekannte, mit denen wir einen schönen Jahreswechsel verbringen wollten. Die Autofahrt dorthin kam mir endlos lang vor – es waren beinahe sieben Stunden, in denen ich zweimal meine Tabletten nahm, um durchzuhalten. Unzählige Male fragte Mischi: »Wann sind wir endlich da?... Mir ist so langweilig... Wie lange dauert's noch?... Wartet Michaela auch auf mich?...« usw., sein Plappermäulchen stand nicht still, abgesehen von 45 Minuten, in denen er schlief. Als wir endlich ankamen, waren unser Sohn und wir gleichermaßen »geschafft«! – Dafür wurden wir jedoch reichlich entschädigt; unser Freund Harry empfing uns als stolzer Hausherr des »Chateau St. Remy«, eines wahrlich herrschaftlichen Landsitzes aus dem 17. Jahrhundert, den er von Grund auf mit viel Liebe für die Bedürfnisse der heutigen Zeit hatte renovieren lassen.

Harry und seine Frau Britta hießen uns mit hauseigenem Champagner willkommen, um uns dann – mit berechtigtem Stolz – durch ihr »Traumschloß« zu führen.

Schließlich kamen wir zu einem entzückenden Schlafzimmer, in dem das Interieur geschmackvoll aufeinander abgestimmt war, und einem ebenso hübschen Zimmer nebenan, die für uns und unseren Kleinen vorgesehen waren. Das dazugehörige Bad war ganz in Weiß gehalten – so weiß, daß ich beim Betreten das Gefühl hatte, geblendet zu sein; wahrscheinlich dachte ich ganz unbewußt in dem Moment an unser ebenfalls weißes Bad zuhause, in dem es mir in den vergangenen Wochen so oft schlecht gegangen war.

Robert und ich bewunderten die vielen schönen Räume. Ich freute mich sehr, dort zu sein und nahm mir vor, diese Tage so richtig zu genießen. Meinen Tabletten-Konsum reduzierte ich zuerst um ein halbes, zwei Tage später nochmals um ein halbes Stäbchen.

Dann war Silvester... Nach dem ausgiebigen Brunch zogen sich fast alle zu einem kleinen Mittagsschlaf zurück, um für den Abend fit zu sein. Mein Mann und zwei unserer Freunde wurden von der Skat-Leidenschaft gepackt und brauchten keinen »Schönheitsschlaf«. Mischi wurde, zusammen mit Brittas und Harrys beiden kleinen Kindern vom Kindermädchen beaufsichtigt; so konnte ich tun und lassen was mir Spaß machte – herrlich! Ich hatte bis dahin zwei halbe Tabletten genommen und wollte es – im Hinblick auf einen langen Abend und etwas Alkohol – unbedingt dabei belassen.

Ein kleiner Mittagschlaf würde nicht schaden – innerhalb weniger Minuten fiel ich in tiefen Schlaf und wachte erst nach 17 Uhr wieder auf! Mein Mann spielte offensichtlich noch immer Skat; ich zog mich schnell an, ging hinunter, um nach Mischi zu sehen. Die Kinder hatten sich bestens miteinander beschäftigt. Das Kindermädchen war gerade dabei, die beiden warm anzuziehen, um noch ein Weilchen mit ihnen hinaus in den Hof zu gehen, ist es doch für die Kleinen hochinteressant, bei hereingebrochener Dunkelheit noch draußen zu spielen. Ich holte meinen Mantel und ging mit ihnen, ein bißchen frische Luft zu schnappen. »Komm' Mama, wir spielen Fangen!« rief mein Sohn und rannte auch schon auf mich zu, um aufgefangen und herumgeschleudert zu werden. Im Drehen kam »Es« dann wieder – ein Gefühl, als würde man mir einen Turban anlegen und immer fester ziehen; ich griff mit beiden Händen meinen Kopf, als könnte ich so den furchtbaren Druck mindern. Mir wurde schwindlig – der weiße Kies unter meinen Stiefeln schien in Bewegung zu geraten. »Ich muß schnell ins Haus – mir ist nicht gut...« sagte ich mit dieser eigenartigen, fremden Stimme zum Kindermädchen, und schaffte es nur mit größter Mühe, die wenige Meter entfernte Haustüre zu erreichen.

Im Empfangsraum lehnte ich mich für einen Moment an die Wand. Es herrschte geschäftige Hektik, das Personal hatte alle Hände voll zu tun, letzte Vorbereitungen für den Abend zu treffen. Marie, die Haushälterin, sah mich aus vor Schreck geweiteten Augen an: »Madame ... n'est pas bon? ... un cognac?« – Ich lehnte dankend ab. Als ich langsam Richtung Treppe weiterging, kam ich an einem großen Wandspiegel vorbei. *Mein Gott, wie seh' ich nur aus?* Ein graues, eingefallenes Gesicht mit großen Augen, die mich verkrampft, verwirrt und furchtbar ängstlich ansahen... *Hoffentlich schaff' ich es, in unser Zimmer zu kommen.* Wäre bloß nicht diese Treppe! Wie gut, daß ich wenigstens flache Stiefel anhatte ... ich fühlte kalten Schweiß auf meiner Stirn, in den Schläfen ein eigenartiges Pochen... *Hätte ich doch nur Marie um Hilfe gebeten...* »A votre chambre, Madame?« – Wie ein guter Geist stand sie plötzlich wieder neben mir. »Oui, merci Marie,« flüsterte ich nur noch. Sie faßte mich unter dem linken Arm, rechts suchte ich Halt an der Wand; irgendwie schaffte ich es, dank ihrer Hilfe, das Zimmer zu erreichen. Ohne auch nur den Mantel auszuziehen, legte ich mich aufs Bett.

Marie mußte sich wahnsinnig beeilt haben, denn nur wenige Augenblicke später stand mein Mann vor mir: »War's wieder so schlimm? Brauchst du deine Tabletten?« fragte er mich. »Nein,« antwortete ich ihm, »ich will abwarten, ob es vielleicht so wieder aufhört; die Tabletten vertragen sich nicht mit Alkohol – und nur Wasser möchte ich heute auch nicht trinken.« Er half mir aus dem Mantel, und ich bat ihn, sich doch jetzt schon umzuziehen, damit ich danach das Bad für mich hätte. Ich blieb ganz ruhig liegen, während Robert sich duschte, rasierte und dann in seinen dunklen Anzug stieg. »Soll ich hierbleiben, bis es dir besser geht?« »Nee, brauchst du nicht, geh' nur schon hinunter; ich bleibe noch einen Moment liegen und beeile mich dann – bis sieben bin ich auch unten; wenn etwas ist, mache ich mich schon bemerkbar.« Wobei ich mich, wenn irgendwie möglich, auf keinen Fall bemerkbar machen wollte. Bisher hatte niemand bemerkt, daß ich krank war, und so sollte es auch bleiben.

Etwa eine Viertelstunde verging, dann fühlte ich mich wieder relativ stabil. Ich zog mich aus, ging ins Bad und wusch mich mit viel, viel kaltem Wasser ab; auf mein Gesicht drückte ich abwechselnd heiße und kalte Waschlappen, bis ich wieder etwas Farbe bekam. Nachdem ich mich gekämmt und geschminkt hatte, zog ich mein grünes Seidenkleid an, suchte rasch den passenden Schmuck dazu und begutachtete mich nochmals im Spiegel. – So gefiel ich mir schon entschieden besser ... ein Blick auf die Uhr: fünf Minuten nach sieben ... höchste Zeit, hinunterzugehen. Unser Freund Harry liebt die Pünktlichkeit! Als ich eiligen Schrittes durch den langen Korridor ging, begann »Es« erneut: Das Angst-Syndrom nahm mich ganz und gar in seinen Besitz. Es war, als gehörte ich gar nicht mehr mir selbst! Noch zwei, drei Schritte bis zur Treppe, die hinunter in das Speisezimmer führt... Von unten schallte Stimmengewirr und Lachen nach oben ... ich nahm es unnatürlich verzerrt wahr; an die Wand gelehnt stand ich da, wie erstarrt! Die Treppe wurde zum unüberwindbaren Hindernis! Langsam, wie in Zeitlupe, ging ich in die Hocke, blieb so sitzen, ohne mich zu rühren. Ich glaubte, unfähig zu sein, nach jemandem zu rufen – wie man es im Traum erlebt, wenn man schreien möchte, jedoch keinen Laut herausbringt. Mit dem Handrücken wischte ich mir den kalten Schweiß von der Stirn; unten hörte ich Harrys laute, männliche Stimme rufen »Alle aufstellen, fertigmachen zum Familienfoto! – Sind alle da?« Ich hörte meine Freundin Karin: »Anne fehlt noch.«, dann wieder Harry: »Wenn die so lange braucht, sich schön zu machen, ist sie selber schuld ... alles aufstellen jetzt.« – Ein Sektkorken knallte ... heute ist Silvester... Ganz langsam stand ich wieder auf – oh Gott, war mir schwindlig! Erst jetzt fiel mir ein, daß ich mein Pillendöschen vorsichtshalber in die Abendtasche gesteckt hatte. Mit zittrigen Händen suchte ich danach, öffnete es und nahm ein halbes Stäbchen; ich würgte es hinunter, bemühte mich, etwas Speichel anzusammeln und nachzuschlucken.

Zurück ins Zimmer – ganz am Ende des Korridors lag es – *ich muß es bis dahin schaffen.* Soweit schaffte ich es nicht – ich erreichte ein kleines Flurfenster, öffnete es, schnappte nach Luft; so verharrte ich mehrere Minuten. Allmählich wurde es etwas besser. Mit bedächtigen Schritten ging ich jetzt zu unserem Zimmer, wo ich zuerst nach einem Fläschchen Mineralwasser griff, um gründlich nachzuspülen – endlich war ich den Tablettengeschmack los! Warum haßte ich sie so? Und was sollte ich ohne sie machen? Die Tür wurde leise geöffnet und Robert trat herein. »Was ist denn mir dir?« er schaute mich entgeistert an! »Unten fragen schon alle, wo du bleibst.« Ich sagte ihm, was war, und bat ihn, wieder hinunter zu gehen. »Sag' einfach, ich hätte mich in der Zeit vertan, oder verschlafen, oder irgendwas … ich komme gleich, es geht schon wieder…«

Ja, es ging dann auch wieder, und ich nahm mir vor, aus diesem Abend, auf den ich mich so sehr gefreut hatte, das Bestmögliche zu machen!

Britta und Harry hatten ein phantastisches, kalt-warmes Büffett zaubern lassen, auf dem alle nur denkbaren Köstlichkeiten äußerst dekorativ angerichtet waren und Gaumenfreuden versprachen. Dazu wurden erlesene Weine verschiedenster Geschmacksrichtungen ausgeschenkt. Ich entschied mich für einen würzigen, gut gekühlten Chablis – nach einem mutigen, kräftigen Schluck schien es mir, als hätte ich genau die richtige Wahl getroffen. Ich leerte das erste Glas ziemlich schnell, fühlte, wie es mir zu Kopfe stieg, empfand es jedoch nicht als unangenehm. Was hatte Dr. A. neulich gesagt: »Wenn du ein Kerl wärst, würde ich dir empfehlen, dich mal richtig zu besaufen, vielleicht wäre dann der ganze Spuk mit einem Schlag vorbei!« Das war natürlich einer seiner üblichen Scherze. Andrerseits – wäre es nicht tatsächlich möglich, mit einem gewissen Maß an Alkohol den »Knoten zu sprengen«, eine Entspannung dieses total verkrampften Zustandes zu erreichen? Ich wollte es einfach mal darauf ankommen lassen.

Bevor die bestens gelaunte Gesellschaft an der festlich gedeckten Tafel nach und nach Platz nahm, zog ich noch rasch unseren kleinen Sohn um, der bei all dem Trubel viel zu aufgeregt war, um schon ins Bett zu gehen, zumal auch seine kleine Freundin noch putzmunter herumsprang.

Den größten Teil des Abends nahm das ebenso ausgiebige wie ausgezeichnete Dinner ein. Bis Kaffee und Mocca gereicht wurden, war bereits die letzte Stunde des alten Jahres angebrochen. Die Unterhaltung am Tisch schien einen toten Punkt zu erreichen – kein Wunder, nach einem derart opulenten Mahl! »Sag' mal, Harry, kannst du dir diese zauberhaften, beruhigenden Klänge für einen anderen Abend aufheben...? Hast du nicht was Mitreißenderes auf Lager, was diesen müden Verein zum Tanzen animieren könnte?!« – Ich war es, ausgerechnet, die jetzt ›heiß‹ aufs Tanzen war – und alle stimmten mir zu. Innerhalb weniger Minuten tanzten alle fröhlich und ausgelassen zu südamerikanischen Rhythmen! – »Mensch, Anne, warum bist du nicht eher darauf gekommen,« rief Harry mir lachend zu. Da war plötzlich keine Spur mehr von Müdigkeit; in bester Stimmung tanzten wir dem Beginn des neuen Jahres entgegen! Als mich einer unserer Freunde gar zu feurig im Kreis drehte, wurde es mir etwas schummrig – in meinem Kopf begann es wieder ... *nur nicht daran denken ... ablenken...* »Komm, Peter,« sagte ich zu meinem Partner? »wir haben heute noch nicht miteinander angestoßen...«

Ich war den ganzen Abend über bei etwas Chablis und Wasser geblieben, aber als ich jetzt die noch unbenutzten Cognac-Schwenker auf dem Tisch stehen sah, ließ ich für Peter und mich einen Calvados einschenken. *Entweder es hilft, oder ich kann mich gleich verabschieden.* Es kostete mich eine Sekunde Überwindung, dann trank ich den Calvados »ex« hinunter – er brannte fürchterlich, aber er half. Schnell verwickelte ich Peter in ein Gespräch über seine entzückenden Enkelkinder. – Das war das erste Mal, daß es mir gelang, den Anflug eines Anfalls abzuwehren.

Jetzt waren es nur noch wenige Minuten bis Mitternacht, die Sektgläser wurden gefüllt, wir alle standen erwartungsvoll da, auf ein gesundes Neues Jahr anzustoßen ... die letzten Sekunden zählten wir, im Kreis stehend mit »... 56, 57, 58, 59... Prosit Neujahr!« Wir sprachen uns gegenseitig die besten Wünsche aus, küßten einander und tanzten zu Wiener-Walzer-Klängen in das gerade begonnene Jahr 1989 hinein. – Dort, in diesem verborgenen Eckchen Frankreichs gab es kein feierliches Glockengeläute, kein funkelndes, sprühendes Feuerwerk ... dafür feierten Menschen miteinander, die sich seit Jahren freundschaftlich verbunden fühlten. Es war ein schöner Jahreswechsel!

Als wir gegen 2 Uhr früh zu Bett gehen wollten, war unser Sohn im Nebenzimmer gerade aufgewacht und rief nach seiner Mama. So ergab es sich, daß ich die erste Nacht des Neuen Jahres bei meinem Mischi verbrachte. Er schlief bald wieder ein, aber mir war es unmöglich, zu schlafen. Kein Wunder, ich hatte den ganzen Abend lang nur Weißwein getrunken, etwas Champagner und einen Calvados – lauter »Muntermacher«! Ich lag da, überlegte, ob ich noch etwas einnehmen sollte, aber nach dem Alkohol?? Dann kam die Angst plötzlich wieder, wie ein unheimlicher, unsichtbarer Feind schlich sie sich bei mir ein, wurde heftiger, beklemmend … bedrohlich. Als ich versuchte, schnell aufzuspringen, ans Fenster zu eilen, stolperte mein Herz, überschlug sich; es fühlte sich an, als wolle es mir zum Hals herausspringen… Hilfe, lieber Gott, so hilf mir doch!! Ich wimmerte vor mich hin, kam mir vor, als müsse ich ersticken. Grelle Blitze zuckten für Bruchteile von Sekunden vor meinen Augen auf und ab… *Jetzt ist es gleich aus mit mir*, dachte ich, während ich ans Fenster stolperte, mit eiskalten Händen nach dem Griff tastete – es gelang mir, es zu öffnen; ich beugte mich hinaus in die neblige Nacht. Die Anspannung in meinem Kopf war unerträglich. Wenn wenigstens Robert da wäre … aber was sollte er schon tun? In dem Moment wäre ich außerdem nicht einmal fähig gewesen, bis in das andere Zimmer zu kommen! Mir war, als müsse ich weinen, weinen … aber es kamen keine Tränen … alles in mir war versteinert, erstarrt. Ich fühlte die Nässe und Kälte des Nebels. Das trüb scheinende Licht der Parkleuchten und die schwarzen Schatten der mächtigen Kastanienbäume verliehen der Szene etwas Unheimliches, Gespenstisches… Ein frohes und gesundes Jahr hatten wir uns erst vor wenigen Stunden gewünscht – würde ich jemals wieder gesund sein – und froh? Mit den Kindern herumalbern, Blödsinn machen, herzhaft lachen??

Wie lange ich so dastand, weiß ich nicht – zehn Minuten, eine Viertelstunde vielleicht – und dann verging dieser Anfall von selbst. Es kamen Tränen, Tränen der Erleichterung, die ich nicht zu unterdrücken versuchte. Ich lebte, hatte noch Kraft, mich zu wehren, war auch diesmal nicht gestorben, es war wieder einmal mehr überstanden.

Noch eine Weile stand ich am Fenster, atmete tief die Luft dieser Neujahrsnacht. Was ich vorher noch als beängstigend, gespenstisch empfunden hatte, war jetzt nur noch die friedliche Stille der

Nacht. Ich legte mich wieder zu Mischi ins Bett, ganz dicht an ihn heran, streichelte zärtlich sein Gesichtchen, küßte ihn und flüsterte »Gutes Neues Jahr, mein kleiner Schatz.« Irgendwie war ich glücklich in diesem Moment; ich schlief leise weinend ein.

≡ Behandlungsversuche zwischen Verzweiflung und Hilflosigkeit

Den 1. Januar verbrachten wir noch bei unseren Freunden. Es befiel mich – trotz einer halben Tablette mehr – auch an diesem Sonntag zweimal sehr heftig, so, wie es sich in den folgenden Wochen regelmäßig zwei-, manchmal dreimal täglich einstellte. Es gab keine Stunde mehr, in der es mir wirklich gut ging. Die einzig positive Veränderung bestand darin, daß die nächtliche Angst nachließ. Konnte ich in der ersten Zeit nur mit Hilfe der schnell wirkenden Schlaftabletten einschlafen, so schaffte ich es jetzt mit einem Beruhigungstee, zusammengestellt aus fünf verschiedenen Kräutern:

50 g Schlüsselblumen
25 g Lavendelblüten
10 g Johanniskraut
15 g Fruchtzapfen vom Hopfen
5 g Baldrianwurzeln

Aus dieser Mischung bereitete ich mir nachmittags mit einem Viertelliter Wasser und einem gehäuften Teelöffel Kräutern (vier Minuten ziehen lassen) diesen Tee zu, den ich lauwarm innerhalb einer halben Stunde trank. Am Abend, unmittelbar bevor ich zu Bett gehen wollte, goß ich nochmals den Tee auf, trank ihn dann jedoch in kleinen Schlucken so heiß wie möglich; danach breitete sich im ganzen Körper eine wohlige Wärme aus, sogar bis in die oftmals eiskalten Füße hinein. Der Tee ließ mich innerhalb kürzester Zeit müde werden, und erwies sich tatsächlich als gesunder Ersatz für die Schlaftablette.

Allerdings möchte ich dazu noch bemerken, daß sich nach meiner Erfahrung die beste Wirkung erzielen läßt, wenn man den Tee gleich bei der ersten spürbaren Müdigkeit am Abend trinkt und danach zu Bett geht – auch dann, wenn es vermeintlich noch sehr früh ist, etwa zwischen 19 und 20 Uhr. Hin und wieder wollte ich einfach länger aufbleiben, um meinem Mann am Abend etwas Gesellschaft zu leisten. Hatte ich jedoch erst eine gewisse Zeit überschritten (bei mir lag sie zwischen 22 und 22.30 Uhr), so war es mir danach unmöglich einzuschlafen, und ich griff dann – bevor ich wieder entsetzliche Angstzustände bekam – doch wieder zur Schlaftablette.

Nicht nur ich, sondern auch meine Familie gewöhnte sich zwangsläufig daran, daß ich abends zusammen mit unserem kleinen Mischi schlafen ging. So, wie sich meine beiden Großen daran gewöhnten, jeden Nachmittag die notwendigen Besorgungen verschiedenster Art zu machen. Ich traute mich überhaupt nicht mehr, irgendwohin zu gehen.

Ende Januar bat mich Dr. A. zu einem Gespräch in seine Praxis. Ich ließ mich von meiner Tochter begleiten, weil ich mir nicht einmal zutraute, den einen Kilometer alleine mit dem Auto zu fahren. Ich berichtete Dr. A., daß sich mein Zustand noch immer nicht gebessert habe. Daraufhin erinnerte er mich gleich an die noch ausstehende Computertomographie… Allein schon der Gedanke, was sich dabei herausstellen könnte! Obwohl ich einerseits glaubte, schon meiner Kinder wegen die Pflicht zu haben, diese Untersuchung durchführen zu lassen, so war sie zum damaligen Zeitpunkt in meiner Vorstellung gleichbedeutend mit einem über mich verhängten Todesurteil, sprich Gehirntumor!

Und wenn es nun wirklich so wäre? Wie würde ich dazu stehen? Nein, unmöglich, eine solche Diagnose könnte ich in der Verfassung, in der ich mich seit Wochen befand, absolut nicht verkraften! Andererseits – welch wunderbare Erleichterung wäre die Gewißheit, nichts Derartiges zu haben…

Ich stimmte Dr. A. zu, bat ihn, für mich einen Termin festzulegen, weil ich ihm nicht eingestehen wollte, daß ich *das*, was er nicht ausschloß, mehr als alles andere auf der Welt fürchtete! Obwohl ich zustimmte, beschloß ich gleichzeitig, auf keinen Fall hinzugehen… Basta! Es gab zwei Möglichkeiten: Entweder ein Ja oder ein Nein – da ich ein für mich negatives Ergebnis auf keinen Fall verkraftet hätte, entschloß ich mich ganz entschieden, ab sofort an die bessere der beiden Möglichkeiten zu glauben – und zwar ganz fest, ganz unerschütterlich!! Diese Gedanken gingen mir durch den Kopf. Während Martin sich telefonisch um den Termin bemühte; in 12 Tagen … da würde ich rechtzeitig und glaubwürdig absagen… »Jetzt zu deinem Beruhigungsmittel, Annelie, du mußt es sofort absetzen,« begann er. »Wenn du es noch länger einnimmst, besteht die Gefahr einer Persönlichkeitsveränderung, du kannst auch davon abhängig werden; wir müssen eine andere Lösung finden.« – »Gut, daß du es ansprichst, Martin,« antwortete ich, »ich bin nämlich überzeugt, davon schon abhängig zu *sein*!« – »Weswegen glaubst du das?« – »Weil es mir noch vor drei, vier Wochen mit einer Dosis gutging, die jetzt nicht mehr ausreicht; andauernd schaue ich auf die Uhr, ob ich nicht wieder ein Stückchen nehmen kann. Wenn ich manchmal bewußt versuche, die Einnahme hinauszuzögern, kriege ich Schweißausbrüche, mein linker Arm wird heiß ... ganz neue Symptome tauchen da auf...« – »Nee, nee, da brauchst du keine Angst haben, so schnell geht das nicht! Aber du solltest es trotzdem auf jeden Fall absetzen! Ich gebe dir heute noch eine Depot-Spritze, dann verschreibe ich dir ein homöopathisches Mittel, das sich als echt wirksam erwiesen hat – probier' es mal damit.« Dann sagte er mir noch, daß er für ein paar Tage zum Skifahren ginge, und daß ich auf mein Beruhigungsmittel nur dann zurückgreifen solle, wenn es gar nicht anders auszuhalten wäre... Natürlich, so würde ich es machen...! Ich wünschte ihm schöne Tage im Schnee und ließ mich von Nina wieder heimfahren.

Ab jetzt wird's ohne die Stäbchen gehen..., sagte ich mir, nahm am Abend das homöopathische Mittel, meinen Tee dazu und ging sehr früh zu Bett, um eventuell auftretende Beschwerden nach Möglichkeit zu verschlafen. Aber dann wachte ich durch einen bohrenden, stechenden Schmerz auf; ich griff nach meiner rechten Schädelseite, tastete Stirn und rechtes Auge ab, stand auf und wankte ins Wohnzimmer. Ich war vor Schreck und Schmerz außer mir, denn irgend etwas in meinem Gehirn täuschte mir vor, daß mein rechtes Auge aus dem Kopf herausgetreten sei – ein entsetzliches Gefühl! Der Schreck ging vorbei, der Schmerz blieb... Ich holte mir in der Küche ein Handtuch, eine Schüssel mit kaltem Wasser und eine Kräutertinktur, die mir schon manches Mal bei grippalen Kopfschmerzen geholfen hatte. Das so getränkte kühle Handtuch legte ich mir wieder und wieder auf Stirn und Auge und hoffte auf Besserung, die erst nach fast eineinhalb Stunden einsetzte. Anschließend war ich vollkommen erschöpft, todmüde und zog mich weinend ins Bett zurück. Diesmal waren es Tränen der Verzweiflung, mit denen ich einschlief.

Am nächsten Morgen, gleich nachdem ich aufgestanden war, fühlte ich »Es« im Nacken: Ein Untier, das sich mit Hunderten von Stacheln dort in meinem Hinterkopf festkrallte. Ich beugte den Kopf, soweit ich konnte, nach vorne auf meine Brust, dann soweit wie möglich nach hinten, verschränkte die Hände im Nacken, versuchte auf diese Weise, den Knoten von unzähligen ineinander verkrampften Nerven zu sprengen – ohne Erfolg. Meine halbe Tablette ... seit ca. 18 Stunden hatte ich keine mehr genommen ... nein, ich wollte auch jetzt keine nehmen! *Schmerzen kann ich noch ertragen, wenn bloß diese Angst ausbleibt...* Wieder dauerte es etwa eineinhalb Stunden, bis die »Stacheln« sich aus meinem Genick lösten.

Mit Mühe hatte ich meinem Mann ein Frühstück bereitet, für Mischi die Morgenflasche zurechtgemacht, mich zwischendurch immer wieder mit getränktem Handtuch hingesetzt, um den Nacken zu entkrampfen. Natürlich blieb mir nicht verborgen, daß meinem Mann und den beiden Großen mein Zustand mehr und mehr auf die Nerven ging. »Kommt das jetzt schon trotz deiner Tablette?« Robert sagte es lakonisch, ohne Anteilnahme, halt, um etwas zu sagen. »Ich *soll* und *will* keine mehr nehmen!!« schrie ich ihn an, ohne es zu wollen, es war wie ein hoffnungsloser Schrei nach Hilfe... »Weißt du was, du wirst allmählich unerträglich, unausstehlich mit deiner komischen Krankheit ... das kann man ja nicht mehr aushalten!« – Endlich, jetzt hatte er es ausgesprochen, was schon seit längerem »schwebend« in der heimischen Atmosphäre lag.

Er hat ja recht, dachte ich, denn so mußte es zwangsläufig kommen. Wer nimmt einen Menschen noch ›für voll‹, der zwischendurch völlig normal umherspringt, um dann von einer Sekunde zur anderen wieder sterbenskrank zu sein – unmöglich!!! Ich war froh, als Robert in sein Büro gefahren war, als Frau P. gekommen war, um sich um Mischi und den Haushalt zu kümmern. Ich zog mich zum Weinen und zum Waschen ins Bad zurück... Als es mir am späten Vormittag, eine halbe Stunde vor dem Essen, so schwindlig wurde, daß ich keinen Schritt mehr tun konnte, ohne mich an der Wand festzuhalten, bat ich Frau P., mir eine Tablette zu holen, legte mich auf die Couch, nahm meine Halbe, wartete sehnsüchtig auf Besserung.

Gott sei Dank – gerade noch geschafft, bevor Robert zum Mittagessen kam! Ich wollte mir nicht noch einmal ›passende Worte‹ anhören! – Das war keine Leistung, sagte ich mir im stillen, denn mir wurde bewußt, daß ich es nicht einmal 24 Stunden ohne »Halbe« geschafft hatte... Wie soll das nur weitergehen??

Der Montag darauf war ein strahlend schöner Wintertag, und mich packte ein starkes Verlangen, endlich mal wieder rauszukommen, unter Menschen zu sein. Ich fragte Nina, ob sie Lust habe, mit mir und dem Kleinen einen Stadtbummel durch Hall zu machen. Sie freute sich ganz offensichtlich darüber, daß ich mal wieder den Mut fand, was zu unternehmen. Mein Nina-Schatz... Das Autofahren traute ich mir mittlerweile längst nicht mehr zu, und meine Tochter war sichtbar stolz, ihre Mama und den kleinen Burder in einem »g'scheiten« Auto chauffieren zu dürfen.

Aber schon eine Viertelstunde vor dem Ziel war die Freude vorüber – mein Herz »überschlug« sich so heftig, daß ich nur noch keuchend sagen konnte: »Fahr' sofort rechts ran, ich kann nicht mehr... schnell, bitte meine Tablette...« Nina nahmen meine derartigen Attacken sehr stark mit, und mir tat es jedesmal, aber dieses Mal besonders leid, sie wieder so schockieren zu müssen, denn sie hatte sich auf diesen kleinen Ausflug mit uns regelrecht gefreut! »Geht's wieder, Mama,« einige Minuten waren vergangen, bald würde die Wirkung einsetzen. »Natürlich, Schatz, bis wir da sind, bin ich wieder okay.« Nina fuhr mein Auto routiniert und gut, fand einen sehr bequemen Parkplatz; doch kaum hatten wir das Auto verlassen, trat in meinem Kopf wieder eine totale Sperre ein: Aus – Ende – ich war unfähig, weiterzugehen, wollte dagegen kämpfen, doch nach wenigen Schritten wußte ich, daß es sinnlos war. »Sei mir bitte nicht böse,« versuchte ich meiner Tochter zu erklären, »ich kann einfach nicht, ich hätte mich so gefreut...« – »Mama, ich habe da von Frau D., der Mutter eines Freundes, von einer sehr tüchtigen Heilpraktikerin gehört. Sie wohnt nicht weit von hier, und jetzt gehe ich gleich da in die Telefonzelle und rufe sie an. Vielleicht haben wir Glück und du kannst noch heute zu ihr kommen; sie soll sehr nett sein.«

Mir war alles egal – Nina ging in die Telefonzelle, kam zurück, sagte mir, wir könnten in einer knappen Stunde kommen. Tat sich da eine neue Möglichkeit auf? Wer weiß! Ich hatte mit den sogenannten alternativen Heilmethoden bislang keinerlei Erfahrungen; man hatte schließlich schon oft von Scharlatanen, aber ebenso von besonders befähigten Heilpraktikern gehört. Immer Optimist bleiben – von zwei Möglichkeiten an die bessere glauben!! In einem nahegelegenen Café vertrieben wir uns die Wartezeit – für mich fast unerträglich. Obwohl ich nochmals eine viertel Tablette genommen hatte, änderte sich nichts. Die Anspannung in mir war zu groß, zu stark; mein kleiner Sohn unterhielt mit seinen lustigen Sprüchen alle benachbarten Tische – und ich hatte das Gefühl, jeder würde mich seltsam berührt anschauen! – Was denke ich da nur, ging es mir dann gleich durch den Kopf, die Leute kennen mich gar nicht, wissen nicht, daß ich sonst anders aussehe – und überhaupt, wen interessiert das schon, wie ich aussehe?! Es ist lediglich mein eigenes, eitles Gehabe, das trotz meines schlechten Zustandes immer noch aufmuckt; verliere ich nie meine Eitelkeit? – Wahrscheinlich gehört sie zu mir, wie die Luft zum Leben gehört. Beides ist für mich lebenswichtig: Solange ich eitel bin, solange lebe ich.

Endlich war es soweit; eine halbe Stunde war im Zeitlupentempo vergangen, mit unserem Kleinen als Alleinunterhalter. Wir machten uns auf den Weg zur Heilpraktikerin. Eine freundliche und – wie sich bald herausstellte – äußerst gesprächige Frau um die Fünfzig öffnete die Tür und nahm mich nach herzlicher Begrüßung gleich mit in die Praxis. Augendiagnose – mit dieser Methode arbeitet sie. Völlig verkrampft und ängstlich nahm ich vor ihr Platz. »Vielleicht ist es gut, wenn ich Ihnen gleich sage, daß ich momentan absolut nicht mehr belastbar bin; ich fühle mich physisch und psychisch ausgelaugt, ich verkrafte einfach nichts mehr. Bedenken sie das bitte, bevor Sie mir eventuell schlimme Dinge erzählen…« – »Na«, lachte sie, »so schlimm wird's schon nicht werden. Sie sind ja noch viel zu jung, um so schwarz zu sehen! Nun erzählen Sie mir erstmal, wo es Ihnen fehlt.«

Bevor ich mit dem Kapitel »Heilpraktikerin« fortfahre, sei mir an dieser Stelle eine kleine Einfügung erlaubt:
Während ich diese Zeilen schreibe, ist es mittlerweile Oktober geworden – und wir erleben in diesem Jahr einen »goldenen Oktober« – einen Herbst, wie man ihn sich nicht schöner wünschen könnte! Mir geht es mittlerweile so gut, daß es mir zunehmend schwerer fällt, mich an die entsetzlichen Zustände, die mich noch vor wenigen Monaten laufend befielen, zu erinnern.

Heute bin ich geprägt von Optimismus und Lebensfreude, so intensiv, wie ich es niemals zuvor bewußt erlebt habe! Sollten sich tatsächlich keine Rückschläge mehr einstellen, so möchte ich heute fast in Dankbarkeit von dem Erlebnis dieser wahrhaft teuflischen Krankheit sprechen, denn sie hat mich gelehrt, was es heißt, wenn einem das Gehirn, das Bewußtsein, seine als so selbstverständlich angesehene »Schuldigkeit« versagt!

Mit großem Unbehagen setzte ich mich vor das Gerät, das in den nächsten Sekunden über »mein Schicksal« entscheiden würde! Frau B. schaute mir intensiv in die Augen, um mir dann zu sagen, daß meine Probleme ganz »natürlicher« Art seien – durchaus nicht psychisch bedingt... Irgendwann hätte ich wohl eine Hepatitis gehabt (zutreffend, da Gelbsucht im Alter von 13 Jahren), aus deren Verlauf sich eine rege Bakterienbildung ergeben habe, die sich im Laufe der Zeit über meinen ganzen Körper verstreut habe, und nun dabei sei, mein Gehirn »anzugreifen«, indem sie an den Synapsen im Nackenbereich Störungen verursachten – daher auch diese furchtbaren Kopfschmerzen. Mir erschien diese Diagnose logisch, hatte ich doch allzu oft – besonders in kritischen Situationen – dem Alkohol zugesprochen, allzu oft das »normale Maß« für eine Frau weit überschritten. Nun bekam ich dafür die Rechnung serviert...

»Und Sie glauben, daß Sie mir da helfen können, Frau B.?« – »Aber ja ... in einigen Tagen fühlen Sie sich schon viel besser! Dann werden Sie auch wieder alleine mit dem Auto herkommen, ganz bestimmt!« antwortete sie mir. Ich konnte mir in dem Moment gar nicht vorstellen, daß der ganze Spuk in Kürze vorbei sein sollte ... wie wundervoll das wäre!! Als mir Frau B. dann alle möglichen Ampullen auf die flache Hand legte, diese Zusammenstellung dann prüfte, indem sie ein Pendel darüber kreisen ließ, und mir erklärte, daß das Pendel ihr genau anzeige, welche Mittel für mich verwendet werden müßten, stellte sich bei mir dann doch erhebliche Skepsis ein. Über derartige Methoden hätte ich mich normalerweise amüsiert, aber in dem jämmerlichen Zustand, indem ich mich befand, klammerte ich mich an jeden Hoffnungsschimmer – und da mir die Diagnose verständlicher erschien als die Theorie von einer psychosomatischen Störung, würde ich über den vor mir zelebrierten »Hokuspokus« hinwegsehen und mich überraschen lassen – Schaden würde er mir wohl kaum zufügen! – Frau B. stellte 12 verschiedene Ampullen zusammen, zog sie in einer Spritze auf, entnahm mir Eigenblut, mischte alles miteinander und verabreichte mir diese Mixtur. Meinen Nacken spritzte sie mit ca. 10 kleinen Einstichen »ab«, und sagte mir, daß sich die Verkrampfung ganz schnell lösen würde. Jeden Tag müsse diese Behandlung jetzt wiederholt werden, etwa 20- bis 30mal! – Hauptsache, es hilft! dachte ich mir; mir war zu dem Zeitpunkt alles recht, was Hilfe verhieß... Tabletten bräuchte ich ab sofort keine mehr nehmen, denn sie hätte mir auch hochwirksame Mittel hineingegeben, die meine Psyche positiv beeinflussen würden. Nach der Behandlung ging es mir nicht gut – aber trotzdem machte sich neue Hoffnung in mir breit.

Auf der Heimfahrt sagte ich zu meiner Tochter: »Oh, Nina, dieser Tag bringt vielleicht die Wende, ich will mich bemühen, ganz fest daran zu glauben! Vielleicht muß ich dir sehr, sehr dankbar sein, daß du mich dorthin geführt hast.« Sie freute sich wahnsinnig über meine Zuversicht – und mir tat ihre innige Anteilnahme unendlich wohl!!

In den ersten Tagen der Behandlung – ohne meine »Halben« – plagten mich abermals wahnsinnige Kopfschmerzen; noch nie zuvor hatte ich so intensiv und schmerzhaft die Konturen meiner Schädeldecke gefühlt, mein linker Oberarm heizte sich öfter auf als der rechte. Täglich mehrmals bekam ich starke Schweißausbrüche. In zeitlich sehr unregelmäßigen Abständen überzog sich eine Hälfte meines Kopfes mit 1000 kleinen »Ameisenstichen« – auch hier war die linke Seite wesentlich öfter betroffen als die rechte. Diese Schauer setzten sich dann in Form von grober »Gänsehaut« – jedoch nur stellenweise – an Arm und Bein fort.

Nach zehn Behandlungstagen hatte sich mein Zustand leicht gebessert – vor allen Dingen sah ich von Tag zu Tag wieder besser aus. Diese sichtbare Veränderung deutete ich ausgesprochen positiv. Angstgefühle waren zwar immer wieder da, aber eher unterschwellig, sie arteten nicht ins Extreme aus, wurden von mir nicht mehr so oft als lebensbedrohlich empfunden. Nach diesen zehn Tagen erfolgte eine Pause, denn es gab kleine Ferien, und auch Frau B. ging in Skiurlaub. Wir vereinbarten, die Behandlung in neun Tagen fortzusetzen. – Meinem

Arzt und Freund hatte ich zwischenzeitlich erzählt, durch welchen Zufall ich bei einer Heilpraktikerin »gelandet« war, auch, welche Diagnose sie gestellt hatte. »Medizinisch nicht haltbar,« erklärte mir Martin, »aber du siehst wesentlich besser aus als vorher; obwohl ich diesen Methoden mehr als skeptisch gegenüber stehe, möchte ich nicht soweit gehen, sie ganz und gar abzulehnen. Solange du das Gefühl hast, dir wird geholfen ... ohne Tabletten, gibts von meiner Seite keine Einwände. Außerdem tust du ja sowieso, was du für richtig hältst...«. Natürlich, denn nur ich spüre, *ob* und *wie* mir *was* bekommt!

Mittlerweile nahm mein Verlangen, wieder unter Menschen zu sein, geradezu »überdimensionale« Formen an... Wie schön wäre es doch, mal wieder einen Stadtbummel zu machen, Mischi fröhlich auf dem Spielplatz herumtollen zu sehen, mit großer Tochter und kleinem Sohn irgendwo Pizza zu essen, einen ausgedehnten Waldspaziergang zu machen ... usw... Ich bekam große Sehnsucht nach den einfachen Dingen des Lebens, die ich früher häufig eher als »lästige Pflicht« empfand. Diese »Pflichten« wieder erfüllen zu *dürfen*, war zu jenem Zeitpunkt – Mitte Februar – mein allergrößter Wunsch... Hätte man mir damals prophezeit, daß ich darauf noch fünf lange Monate warten müsse, so hätte ich es nicht wahrhaben wollen! So jedoch erhoffte ich mir von jedem neuen Tag das »Wunder«, diese teuflische Krankheit zu besiegen.

Mit meinen 42 Lebensjahren blickte ich auf »turbulente« Zeiten zurück, hatte neben abenteuerlichsten beruflichen Unternehmungen zwei schwere Autounfälle – vor 18 und vor 7 Jahren – schuldlos nur so knapp überlebt, daß Ärzte mir in beiden Fällen zu meinem »neuen Leben« gratulierten. Außer meinem rechten Arm gibt es keine Gliedmaßen, die sich nicht von einfachen, doppelten und mehrfachen Brüchen »erholen« mußten – Zahnersatz und angenähte Zunge eingeschlossen! Die Unfallfolgen hatte ich in beiden Fällen bedeutend schneller überwunden als mir ärztlicherseits vorhergesagt wurde – von meinem außerordentlich starken Lebenswillen sprach man ... aber jetzt hatte eine ohnmächtige Hilflosigkeit von mir Besitz ergriffen, drohte, meinen »eisernen Willen« zu verschlucken... Mein Gehirn verweigerte mir seine Dienste, war außerstande, meinen »Befehlen« zu folgen – je mehr ich irgendwelche Dinge unbedingt schaffen wollte, um so mehr setzte die »totale Blockade« ein.

Die zunächst scheinbare kleine Besserung, die sich durch die Behandlungen bei der Heilpraktikerin einzustellen schien, war in der Tat nur eine »scheinbare« Besserung. Bereits am zweiten Tag ohne Spritzen überfiel mich erneut ein Anfall von Todesangst, so dramatisch, wie ich es zuletzt mit meiner Tochter im Auto vor mehr als zwei Wochen erlebt hatte. Diesmals war meine Freundin Ulla gerade bei mir; sie erschrak entsetzlich. »Ulla, ruf schnell Martin an, schnell bitte ...« Aber Dr. A. hatte ausgerechnet seinen freien Nachmittag. So rief meine Freundin den früheren Hausarzt der Familie an, der seit einiger Zeit in Ruhestand gegangen war. Gott sei Dank, er versprach, sofort zu kommen... Die Minuten wurden zur Ewigkeit... Endlich... Er war da! – »Bitte geben sie mir schnell ein Beruhigungsmittel, bitte, ich kann nicht mehr!«

Seine beruhigende Art zu sprechen, seine warme menschliche Ausstrahlung – normalerweise hätte sich meine Angst schon alleine durch seine Anwesenheit weitgehend gelegt. Aber an diesem Tag war das absolut nicht so ... es machte mich geradezu verrückt, als ich zusehen mußte, wie Dr. B. – für meinen Zustand – viel zu langsam, zu umständlich, erst nach seinem Blutdruckmeßgerät suchte. Gereizt fuhr ich ihn an: »Geben Sie mir doch endlich was. Mein Blutdruck ist sicher völlig normal. Mein Problem ist wahrscheinlich psychisch bedingt...«

Zum erstenmal hatte ich es selbst ausgesprochen; instinktiv war mir schlagartig klar geworden, daß ich seelisch krank war! Und mir wurde ebenso plötzlich klar, daß ich eine gewisse Sucht nach Tabletten hatte; wie angenehm war doch die Vorstellung, mit Hilfe einer kleinen Pille in wenigen Minuten keine Beschwerden mehr zu haben! In dem Moment war mir es auf einmal egal, wodurch und wovon es mir besser würde, Hauptsache, ich fühlte mich wieder einigermaßen... Dr. B. gab mir schließlich auf mein Drängen hin eine Beruhigungstablette. Der »Anfall« ging vorüber.

Anschließend unterhielt ich mich eine ganze Weile mit Dr. B., mit dem Ergebnis, daß er mir empfahl, einen von ihm geschätzten Psychotherapeuten aufzusuchen, der mir sicher weiterhelfen könne. Ich bat ihn noch, mir eine kleine Einheit dieser Beruhigungstabletten zu verschreiben und versprach, sie nur bei »Bedarf« zu nehmen.

≡   Leidensgenossen und Abhängigkeit

Wie sehr hatte ich mich noch vor kurzem gesträubt, Tabletten zu nehmen, wie groß war meine Aversion dagegen, und schon jetzt war ich soweit, sie als »Retter in der Not« anzusehen?? – Nein, und nochmals nein, auf keinen Fall würde ich mich von chemischen Mitteln, sogenannten Tranquilizern, abhängig machen!! Ich räumte mir selbst eine »Frist« von zwei Monaten ein; sollte sich binnen dieser Zeit noch immer keine deutlich spürbare Besserung abzeichnen, so würde ich mich nach einer geeigneten Klinik umsehen... – ... und bei diesem Gedanken machte es plötzlich »Klick« in meinem Gedächtnis: Vor mehr als drei Jahren hatte ich von einem Freund – sozusagen hinter vorgehaltener Hand – gehört, daß eine gemeinsame, sehr liebenswerte Bekannte von uns freiwillig in eine Klinik gegangen sei, weil sie so eine »komische« Krankheit hätte, Todesängste..., muß was mit dem Kopf zu tun haben..., schlimm für Horst, ihren Mann, in seiner Position als Vorstandsvorsitzender eines weltbekannten Unternehmens...

Sabine, ging es mir plötzlich durch den Sinn, vielleicht hatte sie dasselbe wie ich, konnte mir vielleicht einen Rat geben! Ich zögerte keine Sekunde, ging direkt zum Telefon, um sie anzurufen. Ihre Privatnummer war mir bekannt – aber dort hörte ich von einem Angestellten nur, daß im Moment niemand zuhause sei. Vielleicht war es auch besser, ich würde zunächst einmal mit ihrem Mann sprechen, mich erkundigen, ob sie überhaupt bereit wäre, über ihre Krankheit zu reden. Horst, ihren Mann, erreichte ich wider Erwarten gleich am nächsten Vormittag in seinem Hauptbüro in Westfalen. Er versprach mir, mit seiner Frau darüber zu sprechen; sie würde sich sicher bald bei mir melden.

Dann stand wieder ein Wochenende bevor – und damit wieder die Furcht, nicht alles »im Haus« zu haben, da ich meine Besorgungen nach wie vor durch meine Kinder machen ließ – meistens fehlte es an irgendwas. Würde ich die sonntägliche Küchenarbeit schaffen, Kochen mit allem »Drum und Dran«... An jenem Sonntagmorgen wußte ich, daß ich es heute nicht packen würde. Aber da gab es ja unser gutes, altes »Stammlokal« – eine urige Bauernkneipe, mit »gutbürgerlichem Essen wie daheim«. Dort rief ich die Wirtin an, um sie zu bitten, mir ein paar Portionen abzupacken, die ich dann holen lassen würde. »Ja, selbstverständlich, Frau Klein«, sagte sie, »Sie sind ja schon lange nicht mehr dagewesen, wie geht's Ihnen denn?« – »Nicht so gut, Frau Hofer, sonst wären wir zu Ihnen gekommen, aber es geht grad nicht.« – »Hat es Sie auch erwischt? Grippe, gell?« – »Nee, nee« antwortete ich, »wär's das nur!« – »Ja, Sie waren doch, solange ich Sie kenne, noch nicht krank! Wo fehlt's denn?« – »Wissen Sie, Frau Hofer, das kann ich Ihnen nicht so einfach erklären. Es ist schon ein bißle komplizierter.« – »Sie werden aber doch wohl hoffentlich nicht dasselbe haben, was ich hatte – mit Angst hat's nix zu tun, gell?« – »Doch, Frau Hofer, aber wie meinen Sie denn das?«

Was sie mir daraufhin erzählte, war meine eigene Krankheit – zweifelsohne! Frau Hofer sagte mir noch, daß es bei ihr ein gutes Jahr gedauert hätte, daß sie sich seit einiger Zeit recht stabil fühle... Ich hätte sie küssen mögen, die gute Frau Hofer! Dann fragte sie mich noch, ob ich denn nicht Frau Christians kenne, deren Mann, Dr. Christians, einige Jahre in unserem Betrieb tätig war; auch sie hätte dasselbe Leiden – allerdings schon länger... »Liebe Frau Hofer, Sie wissen gar nicht, wie erleichtert ich mich jetzt fühle, wir werden uns mal ausführlicher unterhalten.«

Gleich am nächsten Morgen rief ich Frau Christians an, die ich bis dahin nur vom Sehen her kannte. Ihre Freude, ihr Interesse, einer Leidensgefährtin zu begegnen, war unüberhörbar. Und mir ging es nicht anders...

Geteiltes Leid ist halbes Leid – Es war zumindest ein gutes Gefühl, daß es plötzlich zwei Menschen gab, mit denen ich über »unsere« Krankheit reden konnte. Ich fühlte mich nicht mehr alleine mit meiner Angst, fühlte mich nicht mehr als »Sonderfall«.

Wir unterhielten uns ausführlich über die in etwa gleichen Behandlungsmethoden, die für keine von uns zufriedenstellend verliefen. Während Frau Hofer sich, nach ca. einem Jahr, spürbar besser fühlte, und diese Besserung hauptsächlich auf die wöchentlich verabreichte Depot-Spritze zurückführte, ging es Frau Christians nach fast einem Jahr noch gar nicht gut. Sie bemühte sich gerade um einen Termin bei einem Psychotherapeuten: die drei angeblich Besten ihres Fachs in unserer näheren Umgebung waren auf Monate ausgebucht.

Dann rief mich eines Abends Sabine an, meine Bekannte aus Westfalen. Nach anfänglichem Zögern berichtete sie mir von ihrem Klinik-Aufenthalt: Weit über die Hälfte aller Patienten dort seien Medikamentenabhängige gewesen, die alleine das Ziel anstrebten, von ihrer »auf Rezept verordneten Sucht« qualvoll wieder loszukommen. Nein, Sabine hatte keine Medikamente angerührt, sich strikt dagegen gewehrt, eben aus Angst vor Abhängigkeit. Sie hatte einen anderen Weg gewählt – Autogenes Training, Langzeit-Gesprächstherapie, Yoga ... und nun, nach mehr als drei Jahren, war sie in der Lage, mit ihrer Krankheit umzugehen, mit ihr zu leben. Sie kenne genau ihre Grenzen, habe gelernt, sich nicht mehr zuzumuten, als sie verkraften könne. Was sie darunter im Einzelnen verstand, danach wollte ich nicht fragen, da es ihr ganz offensichtlich schwer fiel, überhaupt darüber zu reden. Als ich diesbezüglich eine vorsichtige Andeutung machte, bekam ich eine Antwort, die mich traf, mich regelrecht erschütterte:

Diese Krankheit sei ein absolutes »Tabu-Thema« – darüber spreche man nicht, weil es ganz »unmöglich« sei, »sowas« zu haben... »Die hat alles, was ein Mensch sich nur wünschen kann... Der geht's zu gut... Jetzt fängt sie an zu spinnen...!!« – So seien in der Regel die Reaktionen, selbstverständlich hinter vorgehaltener Hand, jedoch sich wie ein Lauffeuer verbreitend, in der sogenannten Gesellschaft!

Das konnte – das durfte doch nicht wahr sein!!

Nach dieser Aussage meiner Bekannten kam mir zum ersten Mal der Gedanke, daß ich über diese furchtbare Krankheit einen Bericht schreiben müsse, sobald ich dazu in der Lage wäre... Würde ich jemals dazu kommen?? Für mich war das damals mehr als fraglich.

Nach neuntägiger Unterbrechung setzte ich die Behandlung bei der Heilpraktikerin fort. Obwohl mir inzwischen klar war, daß mein eigentliches Problem dadurch nicht zu beheben war, so stabilisierte sich zumindest mein körperliches Befinden zusehends. Mit Dr. A sprach ich über die Einnahme des Beruhigungsmittels, das mir sein Kollege verschrieben hatte, und erklärte ihm, daß ich so sparsam wie möglich damit umgehen würde, nach dem letzten Anfall von Todesangst jedoch momentan nicht ganz ohne eine solche »Hilfe« auskommen könne. Er war einverstanden, zumal ich ihm auch von der Frist erzählte, die ich mir selbst gesetzt hatte. Er kannte mich genug, um zu wissen, daß es mir damit ernst war.

Dann stand mir eine Woche bevor, auf die ich mich normalerweise gefreut hätte, der ich jetzt eher mit einigem Unbehagen entgegensah: Meine Mutter und mein Stiefvater würden uns für ca. acht Tage besuchen. Sie wußten bisher nichts von meiner Erkrankung, und so sollte es auch bleiben. Meine Eltern leben am Niederrhein, dort, wo ich geboren bin. Sie kommen mehrmals im Jahr für eine Woche zu uns, damit Mutti auf diese Weise wenigstens etwas von Tochter und Enkelkindern hat. In knapp drei Monaten würde sie ihren 75. Geburtstag feiern. In dem Alter würde sie die Sorge um eine merkwürdige Krankheit unendlich bedrücken. Sie würde sich aus der Ferne alles noch schlimmer vorstellen, als es war... Das konnte ich auf keinen Fall verantworten. Ihren Besuch, der schon zu Weihnachten »fällig« gewesen wäre, hatte ich immer wieder hinausgezögert, denn in den vergangenen Wochen hätte ich ihr nichts vormachen können; mein Aussehen sprach für sich! Aber jetzt wollte ich sie nicht noch länger »vertrösten«, irgendwie mußte es gehen … und es ging..., sogar weitaus besser, als ich erwartet hatte.

Ich nahm in dieser Woche täglich 4–5 Beruhigungstabletten; damit kam ich gut, vor allen Dingen ohne die befürchteten plötzlichen Anfälle, »über die Runden«. Als es einmal gegen Abend kritisch wurde, half mir Nina darüber hinweg, indem sie besonders fröhlich mit ihrem Brüderchen spielte und meine Eltern voll in ihr Spiel mit einbezog. Nach einer Viertelstunde wirkte meine Tablette – sie hatten nichts bemerkt.

Ich tat alles, um meinen Eltern möglichst schöne Tage zu bereiten. Als der Tag der Heimreise kam, mußte ich sie zum 12 km entfernten Bahnhof bringen – meine erste Autofahrt seit Wochen! Nina, die sie bei ihrer Ankunft abgeholt hatte, war in der Schule, so *mußte* ich fahren – ob ich wollte oder nicht. Aber auch das ging – mit Hilfe von zwei Tabletten am frühen Morgen und einer dritten kurz vor der Abfahrt.

Die Zeit hatte ich absichtlich so knapp bemessen, daß nur wenige Minuten auf dem Bahnsteig blieben, um uns zu verabschieden. Da
war mein kleiner Mischi wunderbar, um uns den Abschied leichter zu
machen. Er fragte und plapperte pausenlos, wodurch jede Traurigkeit
überspielt wurde. Mit Mischi auf dem Arm winkte ich ihnen solange
nach, bis Muttis flatterndes weißes Taschentuch nicht mehr zu sehen
war. Auf dem Weg zurück zum Parkplatz konnte ich die Tränen nicht
mehr zurückhalten; ich wollte mich dagegen wehren, konnte es aber
nicht. »Mama, warum weinst du denn?« – Ich antwortete so, wie die
meisten Mamas antworten: »Schatzi, ich weine doch nicht ... mir ist nur
so 'ne dumme Fliege ins Auge geflogen...«

Am 17. Mai würde meine Mutter 75. Bis dahin *mußte* ich in der
Lage sein, heimzufahren. Oder ich würde nach Düsseldorf fliegen ...
nein ... ich *will* mit dem Auto hinfahren, und ich *werde* mit dem Auto
hinfahren!! War ich eben noch sehr traurig über den Abschied von
meiner Mutter, so spürte ich jetzt, daß es auch Tränen der Erleichterung
waren, eine große Anspannung in mir löste sich: Ich mußte keine Angst
mehr haben, daß es jemand bemerkte, wenn »Es« wieder kam. Und sofort
wollte ich wieder auf drei Tabletten täglich reduzieren! Nachher, zuhause, würde ich gleich Frau Christians anrufen, sie nach ihrem Besuch
beim Psychotherapeuten fragen... Vielleicht gibt's dann neue Hoffnung...

Die letzten drei der 12 km kurzen Fahrt wurden – trotz der
vielen Tabletten – plötzlich fast zum Alptraum: Ich hielt krampfhaft das
Steuerrad fest, begann mit Mischi zu sprechen, auf ihn einzureden, nur
um zu fühlen, daß ich noch bei Bewußtsein war. »Mischi, gleich sind wir
da, dann kannst du wieder spielen, Trecker fahren, nur noch fünf Minuten...« Ich hörte meine eigene Stimme mit Echo... Sollte ich anhalten??
Nein, auf keinen Fall, es würde immer schlimmer werden, denn ich hatte
keine Tablette dabei, war ohne Handtasche losgefahren...

Diese Sperre, diese entsetzliche Sperre in meinem Kopf... Im
Zeitlupentempo vergingen die wenigen Minuten, bis ich zuhause in der
Garage stand. Gott sei Dank, geschafft! – Mir war schwindlig, mein Kopf
naß von kaltem Schweiß. Wenn jetzt was passiert wäre, mit Mischi im
Auto, es war unverantwortlich, ging es mir durch den Kopf. Ich durfte so

etwas nicht mehr riskieren... Durch diesen erneuten Vorfall völlig frustriert, rief ich Dr. A. an, bat ihn, sich für mich um einen Termin bei
einem Psychotherapeuten zu bemühen. An diesem Tag hatte Martin
nachmittags frei – er versprach, vorbeizukommen, um in Ruhe mit mir
darüber zu reden.

Dann versuchte ich zum wiederholten Mal, Frau Christians zu
erreichen, endlich war sie da. Was sie mir von ihrem ersten Besuch bei
einem Facharzt in unserer Nachbarstadt berichten konnte, klang nicht
gerade erfolgversprechend. Er hatte sich nach den Symptomen erkun-
digt, nach den verabreichten Medikamenten, ihr ein großes Formular
mitgegeben, einen Fragebogen – anfangend mit Kindheitserinnerungen,
abschließend mit Fragen nach evtl. Störungen des ehelichen Verkehrs –
ausgefüllt in 14 Tagen zum nächsten Termin abzuliefern. Das war's
auch schon... – Ach ja: Sehr kurz angebunden sei er gewesen, fast
unfreundlich. Nichts für mich, dachte ich nur; aber es mußte schließlich
auch andere geben.

Die häusliche Atmosphäre wurde unterdessen zunehmend
schlechter. Die anfängliche Geduld meines Mannes und meiner beiden
Großen ließ spürbar nach. Immer öfter bekam ich heftige »Stoßseufzer«
zu hören. Ich ging ihnen ungeheuerlich auf die Nerven. Natürlich konnte
ich das verstehen, aber weh tat's schon auch. Als Martin nachmittags
kam, erzählte ich ihm zuerst von dem erneuten Anfall panischer Angst,
der mich Stunden zuvor im Auto befallen hatte. »Martin, jetzt ist Anfang
März, es sind nun drei Monate vergangen, ich kann so nicht mehr
weitermachen. Meine Familie empfindet mich allmählich als Zumutung. Robert schaut mich manchmal an, als wolle er sagen, ich solle doch
endlich aufhören zu simulieren.« – »Beruhige dich doch,« antwortete er,
»du bist einfach zu ungeduldig; ich hab's dir doch schon gesagt: Du mußt
versuchen, dich *so* zu akzeptieren, wie du jetzt bist!« – »Du hast gut
reden, nie, *niemals* werde ich das als meinen Normalzustand akzeptieren! Ich bin krank, krank, verstehst du?« Ich wurde immer lauter,
heftiger... »Und irgendwo wird es doch einen Arzt geben, der mir helfen
kann, wieder gesund zu werden. Und bei der Suche danach sollst du mir
behilflich sein. So unmöglich kann das doch wohl nicht sein...« – »Ich
kann dir nur sagen, wenn du zu einem Psychotherapeuten gehst, setzt
du damit ein Rad in Bewegung, das nicht mehr aufhört, sich zu drehen –

willst du das?« »Aber es *muß* doch eine Möglichkeit geben, dagegen was zu tun!!« – »Weißt du was, Anne, du sollest vielleicht 4–6 Wochen irgendwo Urlaub machen; da, wo's dir richtig gut gefällt, ganz einfach raus hier, raus aus dem täglichen Einerlei – vielleicht löst sich dann alles von selbst. Das könnte absolut sein!« Martin meinte es sicher gut, aber... »Kannst du mir auch verraten, wo ich dann Mischi lassen soll? Ich habe niemand, der ihn zu sich nehmen könnte, da müßte ich ihn schon mitnehmen. Und wer sollte hier den Haushalt versorgen? Wenn ich es auch nicht mehr *gut* mache, immerhin, irgendwie läuft's noch... Woanders fänd ich keine Ruhe, würde nur ständig daran denken, wie es wohl hier zugehen mag... Nee, Martin, so gern ich es tun würde – es geht nicht!«

»Alles geht, wenn es wirklich sein muß, oder?« Dr. A. gab sich alle Mühe, mich zu überzeugen, sicher hatte er sogar Recht. Ich sagte ihm schließlich, daß ich es mir überlegen würde. Dann fragte er mich nach meinem Tabletten-Verbauch. »Diese Woche war eine Ausnahme, 3–5 täglich, aber damit ist ab heute wieder Schluß; ich werde nur noch 2, höchstens 3 nehmen. Und jetzt mache ich mit dir eine Wette, daß gleich morgen dann wieder ›Entzugserscheinungen‹ auftreten. Ich bin irgendwie schon abhängig von diesem Zeug, ganz bestimmt.« Er widersprach mir: »Es gibt viele Menschen, die solche Mittel über einen längeren Zeitraum nehmen und sie dann wieder absetzen, ohne ›süchtig‹ zu sein – so schnell passiert das nicht!« – Heute weiß ich, daß die Gefahr der Abhängigkeit nicht nur sehr groß ist, sondern, daß Abhängigkeit sehr viel schneller eintritt, als allgemein angenommen wird – in seltenen Fällen bereits nach zwei Wochen!

Seitdem ich diese Erfahrung gemacht habe, ist mir erst bewußt geworden, welchen entsetzlichen Qualen »Süchtige« ausgeliefert sind. Sobald die Wirkung derartiger Drogen nachläßt, stellen sich Schmerzzustände ein, die wahrlich kaum zu ertragen sind. Wie schnell man doch immer dazu neigt, Dinge zu verurteilen, über die zu richten einem nicht im geringsten zusteht!! Noch in der Nacht, nach dem Gespräch mit Dr. A., traten prompt wieder diese verheerenden Kopfschmerzen auf – es fühlte sich zeitweilig an, als würde man mir den Schädel spalten; hinzu kam wieder das unheimliche Aufheizen des linken Armes und das Stolpern des Herzens.

Jedesmal, wenn solche Anfälle vorüber waren, sagte ich mir aufs neue: *Dir passiert nichts...* Und jedesmal aufs neue waren die Zustände mit Todesangst verbunden – so sehr ich auch bemüht war, mich dagegen zu wehren. Dem »Angst-Syndrom« war ich beim hundertsten Mal ebenso hilflos ausgeliefert wie zu Anfang!

≡ Eine Wende deutet sich an

Mittlerweile war der März gekommen; draußen »roch« es nach Frühling. Die dunklen Tage des Winters waren überstanden, und mit dem ersten sichtbaren Grün machte sich auch in mir wieder zunehmend Optimismus breit. Hinzu kam, daß mir ein musikalischer Genuß besonderer Güte bevorstand: Bereits seit dem vergangenen Herbst hatten wir eine Einladung für den 21. März zu einem Konzert des Heilbronner Kammerorchesters mit Anne-Sophie Mutter als Solistin. Das würde ich mir nicht entgehen lassen, darauf freute ich mich... Zumal Max Bruchs Violinkonzert Nr. 1 in g-Moll auf dem Programm stand – Balsam für meine Seele! Endlich war es soweit, und endlich würde ich mal wieder rauskommen, unter Menschen sein! Mit meinem Mann an der Seite – und den Tabletten in der Tasche – fühlte ich mich relativ sicher.

Hätte ich im voraus geahnt, daß dieses Konzert in mir derart starke Emotionen auslösen würde, so hätte ich wahrscheinlich darauf verzichtet, obwohl ich es aus heutiger Sicht eindeutig als positives Erlebnis in Erinnerung behalten werde.

Zum Auftakt ertönte eine der wohltuenden Haydn-Symphonien – und dann schickte sich der Star des Abends, Anne-Sophie Mutter, an, mich mit der Komposition »Chain 2« von Lutoslawski an die absolute Grenze des psychisch und physisch Erträglichen zu »peitschen«! Mit schmerzverzerrtem Gesicht holte sie aus ihrer kostbaren Stradivari Disharmonien heraus, die mir eisige Schauer über den Rücken jagten, die mir körperlichen Schmerz zufügten, die mich innerlich nach Hilfe rufen ließen... Welch zerrissener Seele mögen solche Töne entstammen??!!

Endlich... Pause... Ich stürzte ein Glas Sekt in mich hinein, als sei ich nach einem Sandsturm in der Wüste auf eine Wasserquelle gestoßen... Als ich meinem Mann andeutete, in welche Verfassung mich das soeben Gehörte versetzt hatte, schaute er mich etwas mitleidig an – ihn hatte es offensichtlich nicht berührt – abgesehen von der Tatsache, daß es ihm nicht sonderlich gefallen hatte! Im dichten Gedränge, das im Foyer herrschte, traf ich auf Bekannte, sprach sie lächelnd an: »Bin ganz geschafft... Prost!« Alle, die es in nächster Umgebung mithörten, nickten lächelnd Zustimmung – es hatte auch ihnen nicht gefallen – erschüttert war scheinbar niemand ... warum ich?

Nach der Pause spielte das Orchester »Siegfrieds Idyll« von Wagner – getragen ... ruhig. Und dann gab es für mich die volle Entschädigung für die vorausgegangenen Qualen: Anne-Sophie Mutter begann, mich zu verzaubern, indem sie Bruchs g-Moll-Konzert Nr. 1 so bravourös spielte, daß mich nun wahre Schauer des Wohlbehagens überfielen! Wieviel Kraft, welches Schicksal, welche Höhen und Tiefen, wieviel erhabene Größe wurde durch diese Musik fühlbar...

Als dieses großartige Konzert ausklang, war ich im Begriff, vor Begeisterung applaudierend von meinem Stuhl hochzuspringen – daran hinderte mich mein Mann mit tadelndem Blick, soviel Enthusiasmus hielt er nicht für angebracht; ich hatte das Gefühl, als würde er sich meines Verhaltens genieren. Ich hingegen empfand auf der nächtlichen Heimfahrt insgeheim Freude darüber, meine Begeisterungsfähigkeit noch nicht verloren zu haben. Trotz der ominösen Krankheit, trotz des erheblichen Tablettenkonsums, war mir noch genügend Sensibilität erhalten geblieben, schöne Dinge überaus intensiv zu empfinden.

Die Fähigkeit, Freude aus tiefstem Herzen fühlen zu können, habe ich sowohl von meiner Mutter als auch von meinem viel zu früh verstorbenen Vater in hohem Maße mit in die Wiege bekommen. Unzählige Male in meinem Leben hat mir dieses »Erbgut« über Tiefen, über Momente, in denen ich völlig »down« war, hinweggeholfen. So bin ich bis heute von jedem außergewöhnlichen Sonnenauf- oder untergang fasziniert. Ein gerade aufgeblühtes Schneeglöckchen im Februar, das als Vorbote des Frühlings plötzlich aus der eiskalten Erde hervorsprießt, kann mich ebenso begeistern, wie ein liebevolles, kleines Geschenk. Tschaikowskys b-Moll-Klavierkonzert, der Anblick und Duft einer aufblühenden Rose, das wärmende, beruhigende Licht einer Bienenwachskerze – diese Atmosphäre bewußt zu genießen, dafür habe ich schon mit 18 Jahren so manches Mal auf »leibliches Wohl«, sprich Essen, verzichtet. Eine solche Stimmung einzusaugen, war für mich immer lebenswichtig: Sie gab mir Mut und Kraft, so manches außergewöhnliche Wagnis einzugehen, mit der Überzeugung, zu gewinnen!

Immer habe ich das mir gesetzte Ziel nicht erreicht – aber meistens! Und jetzt sollte ich keine Chance haben, diese Krankheit zu besiegen? Ich konnte – ich wollte es nicht glauben!

Erneute Versuche, selbst einzukaufen, mich außerhalb meines Hauses zu bewegen, schlugen auch erneut wieder fehl! Da die Ungeduld absolut an der Spitze meiner Untugenden steht, ist es sicher nicht schwer, nachzuvollziehen, in welcher Verfassung ich mich befand, wenn »es«, das Angstsyndrom, mich nicht gerade wieder ganz in Beschlag nahm!

Und dann kam jener Donnerstag, dessen Bedeutung ich damals nicht im geringsten ermessen konnte:

Es war der 6. April 1989. Wie jeden Donnerstag kam per Post die »Bunte Illustrierte«, die ich vor ein paar Jahren an der Haustüre von einem besonders sympathischen jungen Mann abonniert hatte – ein bißchen Klatsch braucht der Mensch schließlich! Meine Aufmerksamkeit fanden diesmal jedoch nicht die Klatschgeschichten, über die ich mich gelegentlich amüsierte. Auf Seite 36 stand ein großer Artikel mit der Überschrift: *Glückspillen – die neue Sucht!*

»... oft werden nur die Symptome einer Depression zugedeckt. Eine Erfahrung, die viele Kranke machen – wie Ursula Goldmann-Posch, Autorin, die über ihren Leidensweg ein Buch schrieb (Tagebuch einer Depression). Sie war von einem Tag auf den anderen mit unerklärlichen Angstgefühlen aufgewacht...«

Augenblicklich griff ich zum Telefon, bestellte dieses Buch, das mir meine Tochter schon am nächsten Nachmittag mitbrachte. Sofort und ohne Unterbrechung las ich es durch, war ganz und gar »aus dem Häuschen« – es handelte sich zweifellos um »meine« Krankheit! Die Autorin hatte 7 verschiedene Ärzte konsultiert, wurde immer mit Tranquilizern abgefertigt, bis sie schließlich zu Arzt Nr. 8 kam, Prof. M., der ihr mit einem bestimmten Medikament und einer Gesprächstherapie binnen weniger Wochen half!

Endlich ... endlich! Sofort versuchte ich, die Autorin ausfindig zu machen, was mir jedoch nicht auf Anhieb gelang. In ihrem Buch waren verschiedene moderne Antidepressiva aufgeführt. Da nicht erkennbar war, welches der Mittel ihr geholfen hatte, wählte ich für mich rein gefühlsmäßig ein als »neu und erfolgreich« beschriebenes Präparat aus, das aus vorwiegend biologischen Bestandteilen zusammengesetzt ist – laut Beschreibung ohne nennenswerte Nebenwirkungen, besonders schnell wirksam... Während ich dies las, bekam ich vor freudiger Erregung glühend heiße Wangen, »verschlang« förmlich die letzten Seiten und rief sofort danach meinen Arzt an. Ich berichtete ihm kurz von meinen gerade erworbenen neuen Kenntnissen und ließ mir sofort jenes ausgewählte Mittel verschreiben.

Mehr als vier Monate waren vergangen, seit jenem 3. Dezember, als mich plötzlich Todesangst befiel... Hatte ich jetzt den entscheidenden Hinweis durch einen glücklichen Zufall gefunden? Ich betete verzweifelt und hoffnungsvoll zugleich um Hilfe – würde das lang ersehnte Wunder geschehen? Alleine die Vorstellung, aus meiner Isolation herauszukommen, wieder ein selbständiger Mensch zu werden, ganz alleine Auto fahren zu können, mit meinem kleinen Sohn wieder alleine einen Spaziergang machen zu können, wieder alleine einkaufen zu können ... diese Gedanken versetzten mich derartig in freudige Aufregung, daß ich das Rasen meines Herzens kaum ertragen konnte. Ganz ruhig bleiben, sagte ich mir, noch hab' ich nicht gewonnen.

Am 9. April begann ich mit meiner selbsterwählten Therapie: Die erste Kapsel mit 100 mg einzunehmen, kam mir wie ein Moment größter Bedeutung vor – am Abend dann nochmals 100 mg, nach zwei weiteren Tagen Steigerung auf dreimal 100 mg. Wie langsam, wie endlos langsam die Zeit doch vergeht, wenn man sich sehnsüchtig etwas herbeiwünscht! Aber nun hieß es einfach Geduld zu üben, so schwer es auch fiel. Mein Beruhigungsmittel-Verbrauch lag zwischen 2 und 3 Tabletten täglich.

Nach einer weiteren Woche erreichte ich telefonisch Frau Goldmann-Posch, die Autorin des »Tagebuchs einer Depression«, von deren Rat ich mir meine Heilung erhoffte. Sie war sehr entgegenkommend, freundlich und hilfsbereit, riet mir dringend, mich umgehend an Prof. M.

zu wenden, der schon unzählig vielen »Angst-Kranken« geholfen habe. Von ihr bekam ich die direkte Durchwahl zu Prof. M. und von dessen Sekretärin gleich einen Termin für den 5. Mai. Obwohl ich mittlerweile von Frau Goldmann wußte, daß ihr ein anderes Medikament geholfen hatte, blieb ich zunächst bei dem, das ich mir ausgesucht hatte, und hoffte von Tag zu Tag auf die »Wende«.

Ging es mir über mehrere Stunden hinweg recht gut, so war ich jedesmal überzeugt, ein Stadium deutlicher Besserung zu erfahren. Und wenn »Es« dann wieder und wieder über mich kam, machte sich erneut das alte Schreckgespenst in mir breit: *Bei mir schlägt das Mittel nicht an, weil ich doch etwas anderes habe ... doch einen Tumor...* Meine Gedanken spielten mir übel mit, ich befand mich in einem ständigen Zustand zwischen Hoffen und Bangen. Mal fühlte ich wieder Kraft in mir wachsen, die jedoch wie ein Kartenhaus zusammenbrach, wenn es mir wieder unmöglich war, nur eine Treppe hinunterzugehen, wenn ich wieder und wieder den Boden unter den Füßen verlor! Am schlimmsten waren die Momente, in denen ich das Gefühl hatte, weder sitzen noch liegen noch stehen noch gehen zu können – in kaum erträglicher Unruhe lief ich dann wie ein gefangenes Tier im Käfig hin und her, war der übermächtigen Anspannung in meinem Kopf nicht mehr gewachsen, wollte nur noch schreien, konnte es nicht ... bettelte, flehte: *Hilfe, lieber Gott, laß es aufhören, laß es endlich aufhören!!*

Doch auch die schlimmsten, die qualvollsten Tage gingen zu Ende, wenn es langsam dunkel wurde. Mit der Dunkelheit kehrte in zunehmendem Maße Ruhe ein. Hatte ich noch vor Wochen Angst vor der Nacht, konnte nur bei Licht einschlafen, brauchte geöffnete Türen, um mich bemerkbar machen zu können, so ging ich jetzt fast mit Freude auf die bevorstehende Nacht zu Bett. Ich empfand es als wohltuend, meinem kleinen Sohn Märchen zu erzählen, mit ihm zu kuscheln, zu beten und friedlich einzuschlafen. Immer in der Hoffnung, angenehme, schöne Träume zu haben. Und die hatte ich in letzter Zeit außergewöhnlich intensiv, so daß ich immer öfter freudig erregt aufwachte, morgens zumindest wieder einen gewissen Elan verspürte.

Freitag, 5. Mai 1989

Ein lieber Freund meiner Tochter fuhr mich nach München, wo ich um 13.00 Uhr meinen Termin bei Prof. M. hatte. Die Münchner Innenstadt war nahezu verstopft. Gerd, mein junger Begleiter, wollte sich einiges Zubehör für seine Surf-Ausstattung besorgen. So schlug ich ihm vor, das Steuer zu übernehmen und selbst nach einem Parkplatz zu suchen, damit er zwischenzeitlich schon seine Besorgungen machen könne. Um 14.00 Uhr wollten wir uns in einer Pizzeria in der Nähe der Klinik wieder treffen.

Bevor er wegging, nahm ich die erste Beruhigungstablette des Tages. Es war ein wunderschöner Frühlingstag – und es war genau 12.00 Uhr mittags; jetzt war ich für eine Stunde ganz auf mich allein gestellt. Meine Befürchtung, keinen Parkplatz zu finden, erwies sich schon bald als unbegründet. Fast unmittelbar vor dem Eingang zur Klinik wurde im richtigen Moment eine Lücke frei. Es war erst zehn nach zwölf... Ich war nervös, versuchte mich abzulenken, indem ich mir in der schräg gegenüberliegenden Pizzeria ein Plätzchen im Freien suchte und eine kleine Lasagne zum Essen bestellte. Ich war zu aufgeregt, die appetitliche Portion zu genießen, bestellte noch einen Cappuccino und eine Schachtel Marlboro. Während ich darauf wartete, betrachtete ich die Menschen, die um mich herum saßen; welche Sorgen, welche Probleme mögen sie haben? Ein verliebtes Pärchen war nur mit sich beschäftigt, eine Gruppe junger Leute unterhielt sich lachend, ein einsamer älterer Mann saß vor einem großen Bier – *er wird's um einiges schwerer haben als ich...*

In dem Moment kam der freundliche italienische Ober mit meinem Kaffee. »Prego, Signora.« – »Dankeschön.« antwortete ich und sagte: »Bitte gehen Sie zu dem Herrn da drüben, und fragen Sie ihn, was er gerne essen möchte. Sagen Sie einfach, es wäre eine Einladung des Hauses.« Er schaute mich ziemlich erstaunt an, und als ich nochmals »Bitte« sagte, ging er hinüber an den Tisch. Durch meine Sonnenbrille fühlte ich mich unbeobachtet, schielte nach der Reaktion des älteren Mannes. Er schaute sehr verblüfft drein, jedoch nach einem kurzen Wortwechsel lächelte er – es sah nach Zustimmung aus. Ich rauchte hastig ein paar Züge meiner Zigarette, trank den Cappuccino, rief dann den Ober herbei, um zu zahlen.

»Hat es geklappt?« fragte ich ihn, worauf er mich anstrahlte und sagte: »Si, Signora, ich glaube, Sie haben ihm eine große Freude gemacht. Darf ich Sie fragen, warum sie das tun?« – »Dem Herrn geht es nicht gut, und mir auch nicht – deswegen!« Der Mann hatte sich eine Portion Spaghetti Bolognese gewünscht – und ich wünschte ihm, daß es ihm schmecken möge!

Ein Blick auf die Uhr – erst zwanzig vor Eins – ich hatte bezahlt und machte mich auf den Weg in die »Psychiatrische Klinik«, Goethestraße, gleich schräg vis-à-vis.

Als ich durch das Eingangstor gegangen war, das Wärterhäuschen passiert hatte, kam ich mir vor, als würde ich mitten im Herzen Münchens eine andere, fremde Welt betreten. Nach rechts fiel mein Blick zuerst auf ein älteres graues Gebäude, ›Kinderklinik‹ bezeichnet. – Welche Schicksale müssen sich hinter diesen Wänden abspielen?? Welche Hoffnungen, Erwartungen, Enttäuschungen; wie unermeßlich viel Glück über gelungene Operationen, erfolgreiche Behandlungen; welch' unerträgliches Leid aber auch – über aussichtslose Fälle, viel zu frühen Tod geliebter Kinder...

Ich brauchte nur einige Schritte mehr zu tun, um an einem ebenfalls grauen, nichtssagenden Gebäude das Schild ›Psychiatrische Abteilung der Universitätskliniken München‹ zu entdecken. Wieder ein Blick auf die Uhr: erst Viertel vor. Ich ging weiter, kam in eine kleine Parkanlage mit großen, alten Bäumen, unter denen sich hier und da Bänke zum Ausruhen befanden. Langsam befiel mich wieder Unsicherheit, trotz der Beruhigungstablette, die ich erst vor einer Stunde genommen hatte. Sollte ich noch eine nehmen? Nein, auf keinen Fall. Ich setzte mich auf eine der Bänke, meine innere Unruhe wuchs jedoch von Minute zu Minute... Ich stand wieder auf, machte mich auf den Weg zu Prof. M. in die Psychiatrische Klinik, als Patientin. Dieses Bewußtsein verursachte in mir Unruhe, Unsicherheit, machte mich beklommen.

Als ich eine Viertelstunde später Prof. M. gegenübersaß, fühlte ich mich wieder gut. Er fragte mich nach meinen Beschwerden, ich schilderte ihm in kurzen Worten meine Geschichte, wies gleich darauf hin, daß sie im Wesentlichen mit Frau Goldmanns Beschreibung übereinstimme. Als ich ihm sagte, daß sich mein Zustand seit wenigen Tagen etwas stabilisiert habe, daß ich seit drei Wochen ein Mittel nähme, zusätzlich 2 Beruhigungstabletten, manchmal 3, da antwortete er mir, daß ich die Beruhigungstabletten abbauen müsse, und wenn mir das Mittel wirklich helfen würde, so sei ja alles gut.

35 Minuten saß ich Herrn Prof. M. gegenüber. In dieser Zeit nahm er drei Telefongespräche entgegen; er unterhielt sich offensichtlich mit zwei Patientinnen und einem Herrn, dem Mann einer Patientin. In einem Fall sprach er Mut zu, munterte zu einem nächsten Schritt auf... Dem Herrn sagte er, welcher Erfolg sich doch schon seit der neuen Therapie bei seiner Frau abzeichne... Und in jedem der Gespräche war von einem bestimmten anderen Medikament die Rede...

Zum Abschied sagte Prof. M.: »Alles Gute wünsche ich Ihnen. Hoffentlich sind sie bald wieder gesund, dann sage ich wohl besser nicht ›Auf Wiedersehen‹!« Als ich wieder an der frischen Luft war, schnaufte ich tief durch und dachte: Den Weg hätte ich mir auch sparen können!

Ninas Freund Gerd wartete schon bei meinem Wagen. »Gerd, hast du schon gegessen?« Er verneinte. »Du, wenn dein Hunger nicht zu mörderisch ist, dann fahren wir lieber raus bis zur Autobahn, da gibt's eine hübsche Raststätte am See.« Er war einverstanden, und ich war froh, das Verkehrsgewühl zu verlassen.

Eine gute halbe Stunde später saßen wir in einem gepflegten Gartenlokal. Ich bat Gerd, sich so ganz nach seinem Geschmack etwas auszusuchen, während ich mich für einen warmen Apfelstrudel und einen Cappuccino entschied. Ich wollte nur rasch zur Toilette gehen, da überfiel »Es« mich erneut: Der Boden unter mir kam mir wellig vor, wieder hatte ich dieses scheußliche Gefühl, ins Leere zu treten.

Gott sei Dank, die WCs befanden sich auf derselben Etage, bloß keine Treppe steigen müssen... Nervös kramte ich eine Beruhigungstablette heraus, schluckte sie mit Leitungswasser, ließ kaltes Wasser über meine Unterarme laufen, kühlte mein Gesicht, blieb einige Minuten lang regungslos, abwartend stehen, dann ging ich ganz vorsichtig den Weg in den Garten zurück. Er kam mir jetzt endlos weit vor.

Als ich mich wieder hinsetzte, sah mir Gerd an, daß es mir nicht ganz gut ging. Noch bevor er mich fragen konnte, gab ich ihm Antwort: »Ich bin ein Riesen-Rindvieh. Vermutlich war ich eben beim besten Arzt, den es im Moment für mich geben kann, und dem hab' ich gesagt, mir ginge es eigentlich schon wieder gut. – Scheiße!«

Auf der anschließenden zweistündigen Rückfahrt jagten sich meine Gedanken. Immer wieder hatte ich Frau Goldmanns Worte im Ohr: »Und wenn Sie das Mittel nehmen, müssen sie daran *glauben*, sie müssen davon überzeugt sein, daß es hilft. Die Gespräche mit Prof. M. unterstützen dann die Therapie. Beides ist wichtig!« Ich nahm ein anderes Mittel, wollte mit aller Gewalt an die Wirkung *glauben*, aber sie trat nicht ein – jedenfalls bis jetzt nicht – nach drei Wochen.

Frau Goldmann beschrieb in ihrem Tagebuch die Nebenwirkungen der Therapie mit dem Medikament, von dem Prof. M. mehrfach am Telefon gesprochen hatte, als – zumindest vorübergehend – so schlimm, daß ich dieses Risiko im Moment gar nicht eingehen konnte: es waren nur noch 11 Tage bis zum 75. Geburtstag meiner Mutter – und da mußte ich in »guter« Verfassung hin, egal, ob mit zwei, drei oder X Beruhigungstabletten!!!

Am nächsten Tag kam mein Mann nach einwöchigem Aufenthalt aus Kanada zurück. Er war erschöpft, müde – wir sprachen nur ganz kurz über meine Fahrt zu Prof. M. Seit mehr als drei Wochen hatte ich das »Tagebuch einer Depression«, Frau Goldmanns Büchlein, das für mich von so großer Bedeutung war, demonstrativ auf unserem Tisch liegen lassen – immer wieder mit einem direkten oder indirekten Hinweis, daß es sich *da* genau um *meine* Krankheit handle! Mein Mann, der nahezu alles Lesbare förmlich »verschlingt« – von anspruchsvollster Lektüre bis hin zum Kitsch – er machte keinerlei Anstalten, dieses für mich so bedeutende Buch auch nur anzurühren. Null Interesse…

Als ich daraufhin meine Tochter ansprach, ihr erklärte, daß es sich ziemlich genau um meine Krankheit handele, sagte sie mir: »Mama, sei mir nicht böse, aber wir sind jeden Tag mit dieser komischen Krankheit konfrontiert – ich habe keine Lust, auch noch darüber zu lesen. Du solltest dir wirklich mal überlegen, *was* dir helfen könnte. Es kann doch nicht immer so weitergehen!«

Ich konnte es ihnen nicht übel nehmen, fühlte zum ersten Mal in meinem Leben, daß ich mit diesem Problem, das naturgemäß niemand verstehen konnte, völlig alleine dastand ... mit Ausnahme meiner Freundin Ulla, die mich zwar sicher auch nicht verstehen konnte, die sich aber nahezu jeden Tag um mich kümmerte. Das werde ich ihr nie vergessen!!

☰   Ein alptraumhafter Mai

In den darauffolgenden Tagen ging es mir längst nicht so schlecht, wie ich es gewohnt war, aber das lag wohl in erster Linie daran, daß ich täglich noch immer zwei Beruhigungstabletten nahm.

Das Verhalten meiner Familie mir gegenüber hatte längst den gewissen Nullpunkt unterschritten. Ich empfand es nicht nur als gleichgültig, vielmehr fühlte ich, daß ihre Geduld bereits mehr als am Ende war. *Wenn ihr nur wüßtet, wie gern, wie liebend gern ich wieder all meinen Pflichten nachkommen würde, wenn ich nur könnte...* Es war allein meine Tochter, der ich immer wieder anmerkte, wie sehr sie sich von meiner Krankheit berührt fühlte.

Nach dem erfolglosen Besuch in München rief ich wieder meinen Dr. A. an. »Martin, bitte gib mir noch irgendwas Zusätzliches. Prof. M. scheint vorwiegend ein anderes Medikament zu verordnen, das ich jetzt nicht auf mich nehmen kann wegen der erheblichen Nebenwirkungen.« – »Okay« sagte er. »Jetzt gebe ich dir noch zusätzlich eine Depot-Spritze, die können wir in der Dosierung wöchentlich erhöhen, dann wird es dir vermutlich besser gehen.« Also Depot-Spritze!

Nun stand der Geburtstag meiner Mutter bevor: Eine glückliche Fügung, daß Nina gerade Pfingstferien hatte und mich begleiten konnte. Vorsichtshalber hatte ich für uns – Nina, Mischi und mich – ein Zimmer in dem Hotel gebucht, in dem wir abends Muttis Geburtstag feiern würden. Meiner Mutter hatte ich erklärt, daß wir bei ihr nicht wohnen könnten, weil mein kleiner Sohn ihr im Handumdrehen das Haus auf den Kopf stellen würde. Damit gab sie sich zufrieden – und ich war erleichtert.

Vor einiger Zeit hatte ich mir geschworen, diese Strecke in meine Heimat selbst zu fahren – und dank der Tatsache, meine Tochter auf dem Nebensitz zu haben, gelang es mir auch, zumindest etwas mehr als die Hälfte der viereinhalbstündigen Fahrt am Steuer zu sitzen. Obwohl ich das Gefühl hatte, auch die restlichen 200 km zu schaffen, überließ ich – nach einer kleinen Pause – meiner Nina das Steuer, weil ich einfach wußte, wie schön und aufregend für sie das Autofahren noch war.

Daheim angekommen, quartierten wir uns im Bahnhofs-Hotel ein, einem relativ noblen Hotel, das seinen Namen aus der Vergangenheit übernommen hat, denn eine Bahnstation gibt es dort schon seit vielen Jahren nicht mehr. Es gab sie noch, als ich ein Kind war und in besonders kalten Wintern bei meinen Großeltern in dem fast herrschaftlichen, großen Haus gegenüber die kältesten Wochen des Jahres verbrachte, um mir den weiten Weg zur Bahnstation zu ersparen, den ich als Fahrschülerin von unserem etwas entlegenen Zuhause zur nächsten Haltestelle gehabt hätte.

In der ersten Nacht »daheim«, als meine Tochter und mein kleiner Sohn bereits schliefen, stand ich nochmals leise auf, setzte mich an das Eckfenster des hübschen Zimmers, das mir einen direkten Blick hinüber gönnte, zu dem Haus, an das ich so unendlich viele Erinnerungen hatte – wunderschöne und bitterböse gleichermaßen! Sehnsucht kam in mir auf – wonach?

Bestimmt nicht nach den Zeiten, die ich dort verbracht hatte – so gut waren sie nicht – oder doch? Gott sei Dank gehört es zu unseren Gewohnheiten, negative Dinge zu vergessen und Positives um so mehr im Gedächtnis zu behalten! Vielleicht war es lediglich eine gewisse Sehnsucht nach der Zeit der Jugend, die plötzlich wieder so lebendig erschien – und doch schon 25 Jahre zurücklag.

17. Mai 1989, nun war es soweit: Muttis 75. Geburtstag war da. In der Früh besorgten wir noch schnell Blumen, ein Veilchen-Körbchen für Mischi, einzelne Röschen zur Dekoration der Geschenke – dann fuhren wir zu unserem Geburtstagskind.

Mutti freute sich wahnsinnig über unser Erscheinen und unsere kleinen Geschenke. Dann erzählte sie mir gleich, daß sie extra meinetwegen besonders schönen Spargel besorgt hätte, weil ich ihn doch von jeher so sehr mochte, und natürlich »neue« Kartoffeln dazu – mein absolutes Lieblingsessen!

Schon sehr schnell stellte sich heraus, daß doch einige Leute an den Geburtstag meiner Mutter gedacht hatten. Pausenlos erschien irgendwer, Blumen trafen ein, Pakete, Telegramme, eine freundliche Vertreterin der Kirche, eine der Nachbarschaft, usw. – Mutti wäre gar nicht dazu gekommen, das Mittagessen zuzubereiten und sicher hatte sie sowieso erwartet, daß ich das übernehmen würde – mit Recht! Das Wetter war herrlich, und so konnte ich auf der kleinen Terasse hinter dem Haus ungestört und unbeobachtet arbeiten.

Schon beim Frühstück im Hotel hatte ich eine Beruhigungstablette genommen, jetzt, als sich mein Stiefvater zu mir gesellte, merkte ich, wie es mich erneut überkam. Schnell ins Bad, noch eine Beruhigungstablette. Als wir nach dem vorzüglichen Essen mit dem Aufräumen fertig waren, schob ich Mischi als Grund vor: Er müsse im Hotel ein bißchen schlafen. *Bloß weg* – aus unerklärlichen Gründen konnte ich es plötzlich nicht mehr aushalten.

Wir fuhren ins Hotel zurück. »Geht's dir besser, Mama?« Nina schaute mich prüfend an. »Ja,« antwortete ich, »es ist wieder okay; wenn du möchtest, geh' ein bißchen bummeln, ich werde mir die Zeit mit Mischi schon vertreiben. Wir gehen eine Weile in den Garten, auf den Spielplatz.«

Während mein Kleiner sich dort auf den Spielgeräten austobte, saß ich in der Sonne und träumte… Viele längst vergessen geglaubte Begebenheiten aus meiner Kindheit, aus meiner Jugend fielen mir wieder ein. Wie oft hatte ich gegenüber, in dem großen alten Haus spät abends aus dem kleinen Fenster des Badezimmers im zweiten Stock hinunter in den perfekt gepflegten Garten meines Großvaters geschaut, der einer kleinen Parkanlage gleichkam und sicher der schönste Garten des ganzen Ortes war. – Und während ich heimlich eine Zigarette rauchte, ging mein Blick hinauf in den Sternenhimmel…

Etwa 16 oder 17 war ich damals und träumte große Träume – wollte etwas besonderes aus meinem Leben machen, so, wie mein Vater es sich von mir erhofft hatte. Obwohl ich nicht einmal neun Jahre alt war, als er tödlich verunglückte, brauchte ich nur die Augen zu schließen, um ihn mir wieder ganz lebendig ins Gedächtnis zurückzuholen – sein ansteckendes herzliches Lachen, das ich nie vergessen werde. Mein Vater war ein ganz besonderer Mann – im Gegensatz zu den zwei anderen Schwiegersöhnen meines Großvaters kein Akademiker, dafür mit soviel Herz und gesundem Menschenverstand ausgestattet, wie man es auf keiner Universität der Welt je erlernen kann!

»Oh, mein Papa... wenn du wüßtest, wie ich heute hier sitze, am 75. Geburtstag deiner Frau, meiner Mutter. Ich werde ihr den Tag so schön wie möglich machen. Du brauchst keine Angst haben, sie wird nichts merken, sich nicht sorgen müssen, und ich will und muß wieder gesund werden! Schau dir bloß den kleinen, süßen Kerl da an, deinen Enkel, und wenn du deine große Enkeltochter sehen könntest – du wärst stolz auf die beiden...«

Ein Blick auf die Uhr schreckte mich aus meinen Gedanken hoch. Es war schon nach 5 Uhr nachmittags, und für 18 Uhr hatten wir unser kleines Geburtstagsfest angesetzt. Es wurde langsam Zeit, meinen Mischi und mich ein bißchen hübsch zu machen.

Noch während ich mit Mischi die Wendeltreppe in den 2. Stock zu unserem Zimmer hochstieg, holte »Es« mich wieder ein – ein Gefühl, als würde man mir an den Schläfen einen Schraubstock anlegen und dann langsam zuschrauben... »Komm, Mama, weiter,« forderte mich mein kleiner Sohn auf, »warum setzt du dich da hin?« – »Gleich mein Schatz, geh nur schon hoch und versuch' mal, alleine die Tür aufzuschließen.« Ich sprach wieder mit jener Stimme, die sich so schrecklich fremd anhörte; dieses furchtbar dumpfe Gefühl im Kopf – ich klemmte meine Nase zwischen Daumen und Zeigefinger, schnaufte so fest ich konnte hinein, aber es half nicht! Fast die Hälfte der Treppe mußte ich noch hoch... Ich kann nicht mehr, flüsterte ich vor mich hin. *Du mußt, mußt, mußt*, hämmerte es irgendwo in meinem Gehirn. »Mama, wo bleibst du denn...?« – »Ich komm' ja schon – gleich,« – *und wenn ich mich jetzt aufrichte, habe ich keinen Boden mehr unter den Füßen, ich werde die Treppe hinunterfallen.*

In jenem Moment war ich fest überzeugt davon! Kein Mensch war irgendwo in der Nähe. Das enge, wenig beleuchtete Treppenhaus, das normalerweise sicher etwas Romantisches hatte, steigerte meine Angst noch. »Mama«, rief Mischi aus weiter Ferne, wie mir schien, »ich krieg' die Tür nicht auf, jetzt komm' endlich...« – »Jaa!« ich rief es nicht, es war ein Schrei nach Hilfe. Trotz der eben noch verspürten Hitze

draußen im Freien, liefen mir plötzlich eiskalte Schauer über den Rük-
ken, meine Stirn war naß und kalt. *Geh weiter..., kriech weiter..., kriech
endlich weiter!* Es war wie ein Befehl, und so kroch ich auf allen vieren
weiter nach oben. Als ich die nächste Rundung der Treppe geschafft
hatte, wurde mein Ziel sichtbar: noch 10 Stufen vielleicht. »Mama, ich
hab's geschahaafft…!« Mischi rief es mit fröhlich singender Stimme.
»Jahaa!« gab ich zurück und dachte: Gleich hab' ich es auch geschafft!! –
Endlich, ich war oben, zog mich ganz langsam, ganz vorsichtig an der
Wand hoch. Mir war schwindlig. Im Zeitlupentempo bewegte ich mich
weiter, hatte das Gefühl, jeden Moment umzufallen, aber ich fiel auch
dieses Mal nicht wirklich. Mischi bemerkte nichts von meinem jämmerlichen Zustand, denn er war ganz fasziniert von dem Schlüssel-Chip,
oder besser gesagt von der Tatsache, daß es ihm jetzt immer wieder
gelang, mit diesem »komischen« Schlüssel die Türe zu öffnen. Damit war
er noch eine Weile beschäftigt, beachtete mich kaum – Gott sei Dank. Ich
war jedesmal froh, wenn er von solchen Anfällen möglichst nichts mitbe-
kam. Völlig erschöpft legte ich mich aufs Bett, griff nach der Nachttisch-
Schublade, zog die kleine Schachtel heraus und nahm schnell eine Beruhigungstablette. Kaum hatte ich sie geschluckt, kam meine Tochter
zurück: »Mama, ist es wieder so schlimm?« – »Es wird gleich besser, ich
hab' noch eine genommen; wir müssen uns dann auch beeilen – es ist
schon zwanzig vor sechs.« – »Nee, nee, Mama, du mußt dich gar nicht
beeilen! Jetzt rufe ich Oma an und sage ihr, daß ich einen Moment später
komme, um sie abzuholen, und du rufst Tante Käthe an, sagst ihr, daß
sie ein halbes Stündchen später kommen sollen. Und dann kannst du
dich ganz in Ruhe umziehen, okay?« – »Du bist ein Schatz, dankeschön«,
antwortete ich und fühlte, daß wieder Farbe in mein Gesicht zurück-
kehrte. Dann griff ich zum Telefon, rief meine liebe Tante Käthe an, eine
von uns allen sehr verehrte alte Dame von 83 Jahren, der es sehr
entgegenkam, etwas später zu kommen. Die für die Jahreszeit unge-
wöhnliche Hitze machte ihr zu schaffen – außerdem waren ihr Sohn und
ihre Schwiegertochter, die wir ebenfalls eingeladen hatten, noch nicht
bei ihr eingetroffen. Mein Bruder wollte mit seiner Familie ohnehin erst
um halb sieben kommen – ich war erleichtert, konnte in Ruhe aus Mischi
einen »feinen Jungen« machen. Nachdem ich dann auch geduscht hatte,
in ein hübsches Seidenkostüm gestiegen war, mich geschminkt und
frisiert hatte, betrachtete ich mich in der großen Spiegeltür des Schran-
kes und war zufrieden – man sah mir nichts an.

Nina, die gewartet hatte, sagte: »Mama, du siehst toll aus, wer dich so sieht, kann sich nicht vorstellen, daß du krank bist!« Ihr kleines Kompliment tat mir gut, obwohl ich wußte, daß sie wohl etwas übertrieben hatte… Ich gab ihr ein Küßchen, antwortete: »Danke, für alles. Was hätte ich bloß in der letzten Zeit ohne dich gemacht. Ich hab' dich unheimlich lieb! Und jetzt fahr' los, sonst werden Oma und Georg ungeduldig.«

Eine gute halbe Stunde später war unsere kleine Geburtstagsgesellschaft komplett. Wir alle ließen uns Sekt einschenken und stießen auf das Wohl meiner Mutter an. Wenn man sie ansah, konnte man nur schwer glauben, daß dies bereits ihr 75. Geburtstag war. In diesem Moment empfand ich sehr viel Stolz und noch mehr Hochachtung für sie – nicht nur ihres guten Aussehens wegen… Im übrigen freute ich mich über das Wiedersehen mit meinen Verwandten. Wir lachten, scherzten und sprachen – wie bei solchen Gelegenheiten üblich – über fröhliche und traurige Ereignisse der Vergangenheit.

Es war schon fast 20 Uhr, als wir mit dem Abendessen begannen. Zunächst wurde ein sehr appetitlich angerichteter Salat serviert, als sich schlagartig schon wieder dieses dumpfe Gefühl in meinem Kopf bemerkbar machte, konnte und wollte ich es nicht wahrhaben … *nur nicht jetzt* – Aber »Es« schlug erneut zu. Ich bemühte mich, ein Stückchen Melone mit der Gabel in den Mund zu führen, traf nicht den Mund, sondern stach meine Unterlippe an, mein Kiefer schien wie gelähmt. Hastig legte ich die Gabel auf den Teller zurück, schaute unauffällig nach links, nach rechts, niemand hatte etwas bemerkt. *Schnell weg hier.* – »Entschuldige, Mutti, ich muß mal zur Toilette,« flüsterte ich ihr zu, lächelte verlegen in die Runde, bemühte mich krampfhaft, einigermaßen »normal« meinen Platz zu verlassen. *Raus hier, raus, raus,* tickte es in mir. Außer uns befanden sich kaum Gäste im Lokal, auch in den beiden Nebenräumen, die ich durchqueren mußte, nicht. In wenigen Minuten würde das »Fußballspiel des Jahres« angepfiffen werden, VfB Stuttgart gegen Neapel, da saß jeder vor dem Fernseher. Ich erreichte die Toilettenräume, sah alles um mich herum nur noch verschwommen. Die hübschen, gesprenkelten Fliesen des Bodens wirkten wellig, als bewegten sie sich unter meinen Füßen. Mit schweißnassen Händen fischte ich erneut eine Beruhigungstablette aus meiner Tasche. Gott sei

Dank hatte ich sie diesmal dabei – unvorstellbar, jetzt die beiden Stockwerke hochgehen zu müssen! Ich schluckte die Tablette, trank Leitungswasser hinterher, ließ kaltes Wasser über meine Unterarme laufen, schaute in den Spiegel, nahm mich kaum wahr... Ich machte die Türe zur Toilette auf, stellte erleichtert fest, daß sie einen Deckel hatte, auf den ich mich setzen konnte.

Warum ausgerechnet heute, warum? War es deswegen, weil ich mich besonders zusammenreißen wollte, mit Gewalt diese Zustände verhindern wollte! – Eine andere Erklärung fand ich nicht, es sei denn, etwas Unbekanntes in meinem Kopf wurde jetzt so akut, daß es – auch mit der Beruhigungstablette – nicht mehr zu bremsen war... Ein Gefühl tiefer Verzweiflung machte sich erneut in mir breit. Nein, nicht jetzt, nicht heute abend... morgen, übermorgen, aber bitte nicht jetzt!!

Ich versuchte, ganz ruhig zu werden, tief durchzuatmen. Minutenlang verharrte ich so, dann fühlte ich, daß ich plötzlich die Kontrolle über mich zurückgewann. – Anschließend verbrachten wir noch einen gemütlichen Abend miteinander. Außer Nina hatte keiner was bemerkt!

In der darauffolgenden Nacht schlief ich ziemlich schlecht. Beruhigungstabletten und Alkohol, das war für mich offensichtlich kein Schlafmittel, sondern eher ein Aufheizer. Aber erst der nächste Morgen ließ mich dann vollkommen verzweifeln. Als ich mit meinen Kindern am Frühstückstisch saß, aufstehen wollte, um mir vom Buffet etwas zu holen, erwischte es mich wiederum so, daß ich nicht in der Lage war, auch nur einen Schritt zu tun. Nina schaute mich völlig entgeistert an: »Mama, du *mußt* es versuchen, du kannst dich nicht immer auf mich verlassen, bitte versuche, dir selbst was zu holen – es sind doch nur wenige Meter...«

Erneut versuchte ich, aufzustehen, es war jedoch ganz und gar hoffnungslos, mir war wahnsinnig schwindlig. »Hast du überhaupt schon eine Beruhigungstablette genommen«, das fragte sie mich fast vorwurfsvoll. »Nein,« antwortete ich, »gestern habe ich vier genommen...« – »Dann kommt es ja auf eine mehr oder weniger wohl auch nicht mehr an!« »Ich nehme gleiche eine, aber ich möchte sie nicht auf leeren Magen nehmen; hol' mir bitte ein Brötchen und eine Scheibe Käse. Ich sag' es nicht zum Spaß, daß ich nicht kann, glaube bitte wenigstens du mir...« – »Entschuldige, Mama, aber das fällt wirklich manchmal schwer!«

Am liebsten hätte ich laut losgeheult! Daß jetzt auch noch Nina begann, meine Krankheit anzuzweifeln, tat sehr, sehr weh. Bei den anderen hatte ich mich irgendwie daran gewöhnt: Mein Mann hatte in den Momenten, in denen es mir so schlecht ging, daß ich es absolut nicht verbergen konnte, nichts anderes als einen langen Seufzer oder ein »Ooh jeh« übrig, und meine Schwiegermutter hatte neulich gesagt:»Ja, ja des kann ma sich nur schwer vorstelle, so moderne Krankheite hat's halt früher net gebbe, i ha da no nie ebbes davo g'hört...« – Das hörte sich für mich so an, als hätte sie sagen wollen, daß es früher vor lauter Arbeit keine Zeit gab, derartig zu »spinnen«... Selbst meine Freundin Ulla, die mir während der ganzen schrecklichen Wochen immer zur Seite stand, auch sie hatte ihre Zweifel: Als unlängst das Wetter so schön war, daß es geradezu zu einem Spaziergang verpflichtete, kam sie und meinte, wir sollten es doch einfach mal probieren, mit Mischi ein Stück zu laufen, nur eine halbe Stunde, Ja, das wollte ich, schließlich mußte ich doch irgendwann wieder beginnen, mich weiter als nur ein paar Meter von unserem Haus zu entfernen! Wir gingen gleich vom Garten aus in den Wald – jedoch nach nicht einmal fünf Minuten setzten die gewohnten »Zustände« wieder ein. Aber darauf war ich vorbreitet, in meiner Jacken-tasche hatte ich die Beruhigungstabletten und einen »Flachmann«, auf-gefüllt mit Wasser zum Nachspülen. »Ulla, in zehn Minuten wirkt es, eben war es mir noch gut, ich dachte, es geht ohne.« – »Klar,« antwortete sie, »wir gehen ganz langsam, bis es dir gleich besser ist.« – Wir gingen weiter, und als es mir langsam besser werden sollte, ging es von Minute zu Minute schlechter. Wieder war es diese entsetzliche Verkrampfung in meinem Kopf, die Entfernung zum Boden stimmte nicht mehr, irgendwo tief unten – so kam es mir vor – trat ich ins Leere... »Ulla, laß uns zurückgehen, es ist ganz schlimm.« Dann sagte sie: »Wenn du dir jetzt vorstellen würdest, es sei für Mischi lebenswichtig, er müßte aus wich-tigsten Gründen unbedingt spazierengehen, glaubst du nicht, daß dann die Verpflichtung deinem Kind gegenüber stärker wäre als deine Krank-heit?« – Obwohl ich genau wußte, wie meine Freundin das meinte, war mir schlagartig klar, daß auch Ulla hinter dieser ganz und gar unbegreif-lichen »Krankheit« ein gewisses Maß an Hypochondrie und Hysterie vermutete! Ich konnte es ihr nicht verübeln, hatte ich doch selbst schon unzählige Male darüber nachgedacht, solche Gedanken jedoch immer wieder verworfen, weil ich ganz genau wußte, daß ich nicht der Typ bin, der sich Krankheiten »einbildet«.

Zurück zum 18. Mai, dem Morgen nach Muttis Geburtstag: Nach dem unerfreulichen Frühstück im Hotel beschlossen wir, so bald wie möglich heimzufahren. Wir schauten nur noch ganz kurz bei meinen Eltern vorbei, um uns zu verabschieden.

≡ Endlich auf dem richtigen Weg

Auf der Heimfahrt war ich ziemlich niedergeschlagen. Nach den Vorfällen dieser beiden Tage war mir klar geworden, daß ich mit meiner selbsterwählten Therapie vollkommen daneben lag. Es hatte sich nach mehr als fünf Wochen keine, absolut *keine* Besserung eingestellt.

Wie hatte Frau Goldmann doch gesagt: »Sie müssen daran ganz fest *glauben*, das ist sehr wichtig – und Sie brauchen unterstützend dazu die Gesprächstherapie mit Prof. M...« Mit dem »Glauben« war das bei mir schon so eine Sache... Nachdem ich das selbst erwählte Mittel drei Wochen lang eingenommen hatte, wartete ich jeden und jeden Tag auf die einsetzende Wirkung. Ich *wollte* ja unbedingt daran glauben, redete mir auch fast täglich ein, daß es mir schon besser gehe, dummerweise besonders zu dem Zeitpunkt, als ich meinen Termin bei Prof. M. hatte! Ich mußte unbedingt noch einmal zu ihm, denn schließlich hatte er schon vielen geholfen – außerdem gab es für mich keine Alternative!

Noch am selben Nachmittag rief ich zunächst Dr. A. an, berichtete ihm, wie es mir ergangen war. Inzwischen war ich nicht mehr niedergeschlagen, vielmehr war ich aufgewühlt, ungeduldig noch und noch: »Martin, es muß etwas passieren, ich halte das so nicht mehr aus – was ich bisher gemacht habe, ist alles Scheiße – entschuldige bitte – aber ich will und kann so nicht mehr weitermachen...« Woraufhin er mir riet, die Depot-Spritze nochmals höher zu dosieren – oder mich vielleicht doch noch einmal an Prof. M. zu wenden.

Verschiebe nicht auf morgen, was du heute kannst besorgen! ging es mir durch den Sinn, und schon saß ich am Telefon, wählte Prof. M.s Nummer an und erreichte in auch: »Bitte, Herr Professor, mir ging es in den letzten beiden Tagen besonders schlecht,« begann ich, berichtete ihm kurz von meiner Therapie, fragte ihn, was er von einer zusätzlichen höheren Dosierung der Depot-Spritze halten würde. Da antwortete er ziemlich aufgebracht: »Hören Sie, das bringt Ihnen *nichts*, die Depot-Spritze, Sie müssen zu mir kommen.«

Daraufhin rief ich sofort nochmal Martin an: »Jetzt verschreib' mir bitte dieses Medikament, von dem Prof. M. damals gesprochen hat, egal wie schlecht es mir davon wird – ich *muß* es versuchen!« Am

nächsten Tag ließ ich mir eine Packung dieses Medikaments holen –
trotzdem nahm ich es – ganz bewußt – nicht sofort. Nachdem ich in den
letzten Tagen so viele Beruhigungstabletten genommen hatte, wollte ich
sie erst wieder abbauen, wollte meine Theorie, mein Gefühl, von Tranquilizern bereits abhängig zu sein, entweder bestätigt wissen oder aus
Überzeugung für unsinnig halten.

So beschränkte ich mich ab diesem Tag darauf, ganz eisern,
ganz konsequent nur eine Beruhigungstablette zu nehmen, und die auch
nur dann, wenn es mir unerträglich werden würde. Was ich aus Erfahrung schon kannte, traf jetzt extrem ein: Mein linker Arm heizte sich
auf, kalte Schweißausbrüche wechselten sich mit Schüttelfrost-Schau-
ern ab, hauptsächlich in der linken oberen Gesichts- und Kopfhälfte
setzten nahezu unerträgliche Schmerzzustände ein, zeitweilig hatte ich
das Gefühl, als würde man mir einen langen Nagel, am Augapfel angesetzt, durch den Schädel schlagen!

Nur Betroffene werden meine Beschreibungen nachvollziehen
können, im übrigen ist es unendlich schwer, Erlebtes verbal so
umzusetzen, daß es Außenstehenden wirklich verständlich
wird. So, wie ein jeder für sich die schönsten Momente seines
Lebens auf seine ganz besondere, ganz persönliche Art empfindet, so verhält es sich auch mit dem Erleben von Leid, von
Schmerz. Beide Empfindungen, sowohl die schönsten, als auch
die bittersten, kann man im Grunde kaum beschreiben; man
muß sie erleben. So individuell verschieden, wie wir Menschen-
kinder, Milliarden an der Zahl, sind, so empfinden wir auch
verschieden – ein jeder als Individuum, für sich ganz alleine!

Die erste Beruhigungstablette an jenem Tag nahm ich erst, als
mein Herz wieder zu stolpern begann, als mir der »Schraubstock« an den
Schläfen angesetzt wurde, als ich wieder den Boden unter mir verlor.
Das waren – nach meinem Dafürhalten – die Anzeichen meiner psychischen Erkrankung, so, wie ich sie mittlerweile unzählige Male erlebt
hatte. Die vorausgegangenen Beschwerden deutete ich – und jetzt mehr
als je zuvor – als Entzugserscheinungen nach höherer Dosis von Psychopharmaka und dem darauffolgenden plötzlichen Entzug.

Dieses »Experiment« führte ich tagelang durch, wobei die Beschwerden, die ich als Entzugserscheinungen empfand, nach fünf Tagen spürbar nachließen. In dieser Zeit habe ich mich nicht den geringsten Anforderungen ausgesetzt, habe das Haus nicht verlassen, brauchte – Dank der Hilfe meiner Frau P. – im Haushalt nur die allernotwendigsten Dinge selber machen; zu mehr wäre ich auch nicht fähig gewesen.

Dann, am 9. Juni, nahm ich das neue Medikament zum ersten Mal! Zunächst nur morgens und abends je 25 mg – so stand es in der Gebrauchsanweisung. Ich nahm gleich mittags noch eine dazu. Zwei Tage lang, dann erhöhte ich zuerst abends, dann auch morgens, bereits am vierten Tag nahm ich die volle Dosis von 150 mg. – Und plötzlich trat dann wirklich eine Veränderung ein, aber mir war unklar, ob ich sie positiv oder negativ deuten sollte, denn neben anfänglichen ziemlich starken Kopfbeschwerden, die aber rasch nachließen, empfand ich mich in zunehmendem Maße als das, was man sich laienhaft unter einer »gespaltenen Persönlichkeit« – im wahrsten Sinne des Wortes – vorstellen könnte. Ich empfand mich mit einem Male als aktiv und passiv zugleich: Während ich irgendwelche Dinge tat, war ich tätig – und gleichzeitig Zuschauer dessen, was ich gerade tat! Mir ist klar, wie verrückt sich das anhört – leider fehlen mir die Worte, diesen neuen, niemals zuvor erlebten Zustand, besser zu beschreiben. Mir war so, als würde ich mit einem Zeitunterschied von Hundertsteln von Sekunden zuerst handeln, und dann erst verstehen, was ich gerade tat!

Und noch immer nahm ich eine Beruhigungstablette täglich... Nach einer Woche rief ich wieder Prof. M. an, und sagte, da mir längst klar war, daß er bei der Unmenge von Patienten ohnehin nicht wissen konnte, mit wem er sprach: »Jetzt habe ich auf Ihren Rat hin vor einer Woche mit dem Medikament angefangen, bis jetzt nehme ich noch täglich eine Beruhigungstablette, hatte bis vorgestern auch zeitweilig ganz schlimme Zustände im Kopf.« – »Aber das ist normal, Frau Klein, das wird bald nachlassen! Mit Beruhigungstabletten müssen Sie ganz aufhören, gehen Sie so ›geizig‹ wie möglich damit um, Sie werden es bald nicht mehr brauchen. Soll ich Ihnen gleich einen Termin geben? Sie müssen wieder herkommen!« – »Vielen Dank, Herr Professor,« antwortete ich, »im Moment bin ich nicht abkömmlich, ich melde mich dann wieder.«

Das unglaubliche Wunder geschah: Es begann damit, daß ich von einem Tag zum anderen keine Notwendigkeit verspürte, Beruhigungstabletten zu nehmen! Für die Dinge, die sich da in meinem Gehirn abspielten, fehlte mir jegliche medizinische Bildung, um mir auch nur annähernd eine Vorstellung dessen zu machen, was durch dieses chemische Mittel ausgeschaltet, aktiviert, wieder zu neuem Leben erweckt oder abgetötet wurde... Was ich real wahrnahm, war eine Art »Evolution« in meinem Gehirn – und würde sie mir dazu verhelfen, wieder »Ich« zu werden, so wäre ich unvorstellbar glücklich!!

Das Wunder begann, Wirklichkeit zu werden: Ich ging wieder ins Dorf zum Einkaufen – versuchsweise erst nur in ein Geschäft – am nächsten Tag wurde ich mutiger, »knöpfte« mir den Bäcker und den Metzger gleichzeitig vor – beides Geschäfte, an die ich so entsetzliche Erinnerungen hatte. Nichts Schlimmes passierte! Als ich nach dem Bäcker wieder ins Auto stieg, fing ich an zu weinen, konnte mich nicht dagegen wehren, wollte es auch nicht, denn dieses Mal waren es Freudentränen, eine unendliche Erleichterung, die ich verspürte! Das Gefühl, eine so bedrohliche, heimtückische Krankheit, deren Opfer auf wenig Mitgefühl und noch weniger Verständnis, meistens nicht einmal auf Hilfe hoffen dürfen, möglicherweise zu überwinden, zu besiegen, machte mich in unvorstellbarem Maße glücklich!

Von nun an ging's bergauf – mit jedem neuen Tag traute ich mir etwas mehr zu, erlebte, wie sich in meiner Familie das große, erleichterte Aufatmen breitmachte, zunächst noch sehr skeptisch, doch mit jedem bißchen mehr, das ich mir selbst zutraute, wuchs auch ihre Hoffnung, mit mir wieder »rechnen« zu können. Selbst den von mir noch nie sonderlich »geschätzten« Hausfrauen-Pflichten konnte ich plötzlich fast schöne Seiten abgewinnen!

Und dann war es soweit: Der so sehnlich herbeigewünschte Urlaub in Italien stand bevor. Wie oft in den vergangenen Monaten hatte ich daran gezweifelt, diesen Sommer überhaupt noch zu erleben! Nur diejenigen, die eine solche Zeit der »Depression« erlebt haben, werden mir nachfühlen können, welch' überschäumende Lebensfreude in mir neu erweckt wurde, als ich meinen 42. Geburtstag – zusammen mit meiner Familie und unseren langjährigen guten Freunden – in Monte

Vibiano erleben durfte; für mich war dieser Tag wie eine »Wiederge-
burt«!! Und dieser dreiwöchige Urlaub – ohne Schmerzen, ohne Todesangst – wird mir sicher für immer als eines der glücklichsten Erlebnisse
meines Lebens überhaupt in Erinnerung bleiben!

Noch während des Urlaubs begann ich, die Dosis meines Medikaments zu reduzieren, zunächst sehr zaghaft um 25 mg. Ebenso zaghaft wagte ich es wieder, ein bißchen Wein, ein bißchen Sekt zu probieren – der Weg zum Genießen war dann nicht mehr weit! Es schmeckte
mir und bekam mir; selbstverständlich in Maßen – und das richtige Maß
für mich fand ich bald heraus.

Als ich dann – frohen Mutes – meinen Medikamenten-Konsum
nochmals um 25 mg kürzen wollte, erlebte ich einen Tag später, daß
dieser Versuch verfrüht war. Es trat zwar keine bedrohliche Situation
ein, aber irgendwie schlich »Es« sich wieder unterschwellig ein – das
teuflische Angstsyndrom!

Gewisse Nebenwirkungen des Medikaments machten sich seit
Wochen bemerkbar: So bekam ich mehrmals täglich sehr heftige, lange
andauernde Schweißausbrüche, mein Verdauungsapparat war nahezu
»stillgelegt« und ein unglaublicher Heißhunger auf Süßigkeiten setzte
ein! Die Schweißausbrüche bekämpfte ich durch lauwarme Duschen –
mehrmals täglich –, das Verdauungsproblem löste ich durch Trocken-
obst (Pflaumen, Aprikosen) und viel, viel Wasser, Joghurt usw. Und die
Süßigkeiten im Übermaß brachten mir meine vorher unfreiwillig verlo-
renen Pfunde zurück... Waren diese Nebenwirkungen auch nicht gerade
angenehm, so standen sie doch in keinem Verhältnis zu den entsetzlichen Qualen, die ich während der Angst-Phasen durchlebte. Ich nahm
diese Randerscheinungen gerne in Kauf und blieb noch eine ganze Weile
bei 125 mg täglich!

≡ Das Erwachen aus dem Alptraum

Anfang Januar 1990
Fast auf den Tag genau ist nun ein halbes Jahr vergangen, seitdem ich an jenem traumhaft schönen Morgen meines Geburtstages ganz fest beschloß, diesen »Krankheitsbericht« zu schreiben. Spätestens seit meinem Besuch bei Prof. M. in München und meinen Telefongesprächen mit Frau Goldmann-Posch, war mir bewußt geworden, daß unzählig viele Menschen unter dieser mysteriösen, zeitweilig höllischen Krankheit leiden, die man den vielen Arten von Depressionen zuordnet.

Niemals werde ich vergessen, was damals in mir vorging, als ich mehr und mehr erkennen mußte, daß ich mit ärztlicher Hilfe – zumindest hier in meiner Umgebung – nicht rechnen konnte. Mein Hausarzt und Freund, der es bestimmt gut mit mir meinte, wußte nichts Besseres, als mir »betäubende« Tranquilizer zu verordnen, empfahl mir immer wieder autogenes Training. Meine Frauenärztin, auf ihrem Gebiet sicher ausgezeichnet, versuchte, mir Mut zu machen, indem sie sagte: »Liebe Frau Klein, glauben Sie mir, das hört sicher eines Tages wieder genauso plötzlich auf, wie es gekommen ist.« – Eines Tages…

Verzweifelt begann ich damals, nach Lektüre zu suchen; ich rief in meiner Buchhandlung an, da ich zu dem Zeitpunkt nicht in der Lage war, mich selbst dort umzusehen und fragte nach Büchern, die sich mit Angstzuständen beschäftigen. Mir wurde das Buch einer Psychotherapeutin empfohlen: »Ängste verstehen und überwinden«. Vorrätig war es gerade nicht, so bestellte ich es. Am nächsten Tag kam die »Bunte«! Und damit für mich der ganz entscheidende Hinweis auf Frau Goldmann-Posch, die – nach den kurzen Andeutungen bezüglich ihres Buches »Tagebuch einer Depression« – ganz offensichtlich dieselbe Krankheit hatte wie ich! – Sofort rief ich meine Buchhandlung an, änderte meine Bestellung: Die Erlebnisse einer Betroffenen interessierten mich weitaus mehr, als das theoretische Wissen einer Therapeutin.

Die Wende, die damit für mich begann, habe ich ausführlich beschrieben.

Daß ich mich – trotz des bereits 1985 erschienenen Tagebuchs von Frau Goldmann-Posch – verpflichtet gefühlt habe, auch meine Geschichte niederzuschreiben, hat mehrere Gründe:

Der erste und wichtigste Grund war der, daß es meines Erachtens viel zu wenige Veröffentlichungen gibt, die dieses dramatische Ausarten einer Depression aus erlebter Erfahrung beschreiben. Das Wissen um diese heimtückische, entsetzliche Krankheit, die binnen kürzester Zeit einen lebensbejahenden, fröhlichen Menschen zu einem hilflosen Wrack werden läßt, ist selbst in Ärztekreisen – auch heute noch – in so geringem Maße vorhanden, daß man es schlichtweg als »mangelhaft« bezeichnen muß!

Frau Goldmann-Posch sagte mir einmal am Telefon, ihr »Tagebuch« sei sicher nicht die Bibel, habe aber vielen, vielen Menschen geholfen, den Weg zur richtigen Behandlung zu finden – selbst solchen, die bereits seit vielen Jahren unter einer derartigen Depression litten. Bereits damals faßte ich den Entschluß, daß ich – falls auch ich wieder gesund werden würde – meine Erlebnisse ebenfalls niederschreiben müsse. Schon alleine deswegen, um allen Betroffenen mitzuteilen, wie individuell verschieden eine solche Depression verlaufen kann. Ein gemeinsames Merkmal ist jedoch immer vorhanden: Todesangst, Panik, das alles beherrschende Gefühl, die nächsten Minuten nicht zu überleben! Bis man sich an solche Zustände gewöhnt hat! Dann bleibt die Panik aus – aber die bedrohlichen Angstgefühle vergehen nicht.

Statt Antidepressiva bekommt man in der Regel die berüchtigten Tranquilizer, nimmt sie guten Glaubens, ist nach kurzer Zeit abhängig davon, weiß nach längerer Zeit nicht mehr zu unterscheiden, *welche* Merkmale der *Krankheit*, und *welche* den *Nebenwirkungen* der Tabletten zuzuordnen sind – womit man sich schlußendlich hilflos in einem »Teufelskreis« befindet!

Diesen Teufelskreis erst gar nicht entstehen zu lassen, dazu möchte ich beitragen. Und falls mein Bericht jene erreicht, die schon längere Zeit unter den beschriebenen Zuständen leiden, die einen zeitweilig glauben lassen, in den nächsten Sekunden den Verstand zu verlieren – oder schon verloren zu haben – all' denen möchte ich mitteilen, daß es sicher auch für sie HILFE gibt!!!

Der zweite, nicht minder wichtige Grund, dieses Buch zu schreiben, war der, den Betroffenen ihr Selbstwertgefühl so weit wie möglich zu erhalten. Da es sich bei derart Erkrankten vermutlich in der Mehrzahl um sehr sensible, gefühlsbetonte Menschen handelt, die ohnehin dazu neigen, die Qualität ihres gesamten »Tun und Handelns« vor sich selber immer wieder erneut in Frage zu stellen, kann gar nicht genug Hilfe geleistet werden, das meist wenig ausgeprägte Selbstbewußtsein zu stärken.

Es *kann* und *darf* in der heutigen Zeit doch nicht mehr so sein, daß Menschen, die von dieser Krankheit befallen werden – sozusagen von einer Sekunde zur anderen – als »verrückt«, »überkandidelt«, höchstgradig »hypochondrisch« etc. bezeichnet werden! Durch derartige verbale Ausschreitungen wird jede Bereitschaft, über die zeitweise entsetzlichen Wahrnehmungen während einer solchen Depression freimütig zu reden, im Keime erstickt. – Nicht ohne Grund sagte mir damals meine liebe Bekannte und Leidensgefährtin: »Das Thema ist ein absolutes Tabu!« – Niemand versteht es. Und diejenigen, die sich um Verständnis bemühen, scheitern meistens daran, weil eine solche Krankheit in keinster Weise gedanklich und empfindungsmäßig nachvollziehbar ist!

Nun zum nächsten Punkt: Die eigene Familie – Ehepartner, Kinder und sonstige Verwandtschaft –, die tagtäglich mit einem solchen »Fall« umgehen muß, befindet sich zunächst von einem Tag zum anderen in einer Situation völliger Hilflosigkeit, die sich aber dann erstaunlich schnell in »Gewohnheit« verwandelt. Und dann dauert es nicht mehr allzu lange, bis die Gewohnheit schließlich zur alltäglichen Last wird. Für die Familie wird man irgendwann zur »Zumutung« – das war mir, wann immer ich es empfand – sehr verständlich, aber zugleich auch sehr schmerzlich. So ist es mir an dieser Stelle ein ganz besonderes Bedürfnis, alle Familienangehörigen, die täglich mit einem »Fall« wie mir zu tun haben, von ganzem Herzen um viel Verständnis, noch mehr Geduld und um möglichst viel Liebe für sie oder ihn zu bitten – worunter eine sehr innige Zuwendung zu verstehen ist, die Tag und Nacht »seelisch präsent« sein sollte!!

Das sagt sich so leicht – ich weiß, ich weiß... Aber dann, wenn alles vorüber und vergessen ist, werden Sie sehr stolz und glücklich sein, *so* zu ihr oder ihm gestanden zu haben – glauben Sie mir!

Bevor ich meinen Bericht beende, möchte ich noch mit kurzen Worten den Verlauf der vergangenen sechs Monate schildern.

Obwohl ich diesen winzig kleinen Pillen ganz zweifellos eine so erstaunlich schnelle Besserung zu verdanken hatte, konnte ich es kaum erwarten, das »zwiespältige« Verhältnis, das aus verlockender, bluffender, gefährlicher und schlußendlich doch segensreicher Beziehung zwischen der Chemie und mir bestand, so schnell wie nur eben möglich zu beenden!

Ende August kam ich mit 100 mg aus – Mitte Oktober reichten mir 75 mg!

Als ich ein bißchen zu forsch daran gehen wollte, auf zwei hellgelbe »Minis« zu reduzieren, »verführte« ich meinen Feind, das Angst-Syndrom, zur Rückkehr. Während eines Spaziergangs – genau auf meiner Lieblingsroute, auf der es mich beim ersten Mal so erwischte – beschlich »Es« mich wieder. Mich befiel zwar keine Panik, auch keine lebensbedrohliche Angst, aber ganz irgendwo versteckt in mir »tickte« es, das Gefühl, im nächsten Moment etwas Schreckliches zu erleben. Ich überwand die Situation und blieb zunächst bei 75 mg täglich.

Als wir am Heiligen Abend im Allgäu in die Kirche gingen, überkam mich während der Christmette ein ganz besonderes Gefühl der Kraft, innerer Stärke – oder wie man es auch nennen mag: Für mich war es seit vielen, vielen Jahren das erste Mal, daß ich an Weihnachten einmal wieder die Kirche besuchte – und nach vielen, vielen Jahren fühlte ich mich an diesem Ort unendlich wohl und geborgen!

Seit dem 25. Dezember 89 reichten mir dann 50 mg, wobei ich gleich betonen möchte, daß meine Methode – grundsätzlich – kein Vorbild sein sollte und nicht unbedingt zur Nachahmung zu empfehlen ist! Ein gutes Mittelmaß zwischen ärztlicher Anordnung und eigenem Instinkt – darin dürfte wohl die richtige Dosierung eines Medikamentes dieser Art liegen. Als ich im Sommer begann, diesen Bericht zu schreiben, nahm ich mir vor, erst dann ein abschließendes Resümee zu ziehen, wenn ich wieder völlig frei von Medikamenten sein würde.

Heute, am 3. Februar 90, ist es endlich soweit: Seit einer Woche habe ich nichts mehr eingenommen, mein Zustand ist stabil, mir geht es sehr gut! Gestern telefonierte ich mit Herrn Prof. M., um ihm von dem »freudigen Ereignis« zu berichten und um ihm zu danken. Er freute sich sehr mit mir, riet mir jedoch – um mich vor einem Rückfall zu bewahren – die geringe Dosis von 25 mg täglich noch eine Weile beizubehalten. Gegen meine sonstige Gewohnheit, ärztlichen Ratschlägen mit ziemlicher Skepsis zu begegnen, werde ich dem Rat dieses Mannes, dessen jahrelanger Erfahrung ich letztendlich meine überaus schnelle Heilung zu verdanken habe, mit großem Vertrauen folgen!

Die wenigen meiner Freunde und Bekannten, die von meiner Krankheit wußten, die mich während der schlimmsten Zeit gesehen und erlebt haben, sagen mir noch heute manchmal, daß sie sich gar nicht mehr vorstellen könnten, mich monatelang als hilfloses, in sich zusammengefallenes Wesen bedauert zu haben.

Gott sei Dank sei ich ja längst wieder ganz »die Alte«.

Rein äußerlich mag das stimmen – aber »tief drinnen« in mir hat sich eine außergewöhnliche Wandlung vollzogen: Meine gesamte Einstellung zum Leben hat sich geändert, die Gewichte für Wesentliches und Unwesentliches haben sich »verlagert«. Das beglückende Gefühl ganz neu empfundener Lebensfreude – wie ich es zum erstenmal an jenem Morgen im Urlaub überwältigend erlebte – ist mir bis heute erhalten geblieben. Meine Lebensqualität – seelisch-geistiger Art – hat sich erheblich verbessert.

Die Frage, ob ich erst diese entsetzliche Krankheit durchleben mußte, um ein gesundes Selbstwertgefühl zu gewinnen, muß ich in meinem Fall bejahen.

Ich bete zu Gott, die schrecklichen Monate der Depression nie wieder durchstehen zu müssen – und gleichzeitig danke ich Gott für die vielfältige Bereicherung, die ich durch dieses einschneidende Erlebnis erfahren habe.

Kommentar und Erläuterungen zum Erlebnisbericht einer Depression und ihrer Heilung

≡ Fragen über Fragen

Dieser Erlebnisbericht einer Depression und ihrer Heilung wirft eine Reihe von Fragen auf, die beantwortet sein wollen.

Da stellt sich zunächst die Frage, weshalb bei diesem Krankheitsbild überhaupt von einer *Depression* gesprochen wird, wo doch Angst und Panik ganz im Vordergrund stehen, sozusagen Leitsymptome dieser Krankheit sind, und die körperlichen Symptome, neben der Angst, vielleicht noch mehr das Gesamtbild beherrschen als eine depressive Symptomatik, die selbstverständlich auch da ist. Hier wäre aber doch zunächst zu fragen: Ist es nicht selbstverständlich und nur zu natürlich, daß ein Mensch schließlich depressiv wird, wenn er immer wieder unerwartet von diesen Panikanfällen heimgesucht wird und befürchten muß, an einer unheimlichen Krankheit zu leiden, die nur noch nicht entdeckt wurde? Allein die Befürchtung, an einem Hirntumor zu leiden, muß Depressionen nach sich ziehen.

Wir werden die Frage des Zusammenhanges von Angst, Depression und körperlichen Symptomen noch beantworten, wenn es darum geht, das ganze Krankheitsbild medizinisch einzuordnen.

Ein Hinweis soll jedoch schon an dieser Stelle zum Nachdenken anregen: Alle Symptome – Angst, Panik, die Furcht vor Erkrankung und die körperlichen Symptome selbst, das Herzrasen, der Schwindel und die höllischen Kopfschmerzen – verschwanden praktisch gleichzeitig, als mit einer antidepressiven Therapie begonnen wurde, mit Medikamenten, die wir klassischerweise bei schweren Gemütskrankheiten, bei Melancholien oder endogenen Depressionen, mit Erfolg einsetzen.

Noch näher als die Frage nach der medizinischen Zuordnung der Krankheit liegt vielleicht diese Frage: Weshalb wurde dieses Krankheitsbild nicht früher als das erkannt, was es seinem Wesen nach ist, nämlich eine Krankheit, die nicht in erster Linie mit Tranquilizern, d. h. mit Beruhigungsmitteln, und auch nicht durch noch so gut gemeinte Ratschläge, Gespräche und psychotherapeutische Interventionen geheilt werden kann, sondern durch eben eine ganz bestimmte Klasse von Medikamenten, durch Antidepressiva? Warum wurde das Krankheitsbild so lange verkannt? In dieser Frage ist natürlich auch unterschwellig der Vorwurf enthalten: Warum mußte die Patientin so lange unnötig leiden?

> Wir sind uns darüber im klaren, daß die Frage nach der nicht frühzeitig genug richtig gestellten Diagnose im Grund die Kern- oder Schlüsselfrage ist. Sie ist ja letztlich auch das Motiv dafür, daß dieser Bericht überhaupt geschrieben wurde. Der mit Leidenschaft gefaßte Entschluß, diese Krankengeschichte zu veröffentlichen, erhält seinen Anstoß aus der Einsicht, daß in Zukunft die Diagnose frühzeitig gestellt und dem Kranken ein langes, unnötiges Leiden erspart werden muß. Hier wird auch die Frage nach dem gesellschaftlichen Tabu dieses Leidens berührt, das immer wieder mit dazu beiträgt, daß nicht mit der nötigen Offenheit über diese Krankheit gesprochen wird. Wäre sie *be*kannt, würde sie auch leichter *er*kannt.

Die Frage, weshalb diese Krankheit so lange verkannt wird, steht in einem direkten Zusammenhang mit der oben bereits angedeuteten Frage: Gibt es eine gemeinsame URSACHE von Depression, Angst und körperlichen Beschwerden? Und weshalb wechseln und überschneiden sich die Symptome, d. h. die Krankheitserscheinungen? Sie wird in diesem Zusammenhang auch ihre Beantwortung finden.

Die dritte grundlegende Frage stellt sich schließlich sozusagen von selbst ein. Sie steht mit den bereits genannten zwei Fragen im Zusammenhang, sucht jedoch in ihrer bohrenden Zuspitzung ihre eigene Berechtigung, die Frage, die schließlich auch immer wieder erneut von den Betroffenen selbst gestellt wird, auch dann, wenn ihnen bereits geholfen werden konnte: Was ist die wirklich ausschlaggebende Ursache für dieses Krankheitsbild, das so lange nicht nur nicht erkannt, sondern immer wieder als etwas anderes verkannt wird und soviel Leiden für die Betroffenen mit sich bringt?

Diese drei Grundfragen, die sich unwillkürlich einstellen: Wie sind die Symptome zuzuordnen? Warum erkennt man sie so schwer? Was ist ihre Ursache? sollen beantwortet werden, und auch weitere Fragen, die sich daraus ergeben, z. B., weshalb Tranquilizer und Psychotherapie in diesen Fällen nicht helfen.

Zunächst soll uns jedoch das Krankheitsbild selbst noch einmal vor Augen geführt werden unter den Gesichtspunkten: Was ist daran typisch, was weniger typisch und welche anderen Möglichkeiten der Krankheitsäußerung gibt es noch, von der die Autorin dieses Berichtes nicht betroffen war?

Was ist typisch am Krankheitsbild?

Das Typische im Krankheitsverlauf

Ehe ich auf die spezifischen Symptome eingehe, in denen sich auch andere Betroffene wiedererkennen werden, möchte ich zunächst das für das Krankheitsbild allgemein, insbesondere jedoch für seinen Verlauf Charakteristische nennen.

Typisch ist in diesem Fall, daß sich im Verlaufe der Erkrankung eine zutiefst widersprüchliche und gegensätzliche Einschätzung des Krankheitsbildes erkennen läßt, und zwar sowohl von seiten der Angehörigen als auch der behandelnden Ärzte, aber auch der Kranken selbst: Einmal wird die Erkrankung als schweres, bedrohliches Leiden eingeschätzt, das unbedingt diagnostiziert werden muß, ein anderes Mal wird das ganze Krankheitsbild als eine im Grunde nicht ernstzunehmende Symptomatik dargestellt, die sich nur in der Vorstellung oder Einbildung des Kranken abspielt und mit dem Hinweis, dieser sei »völlig gesund« abgetan. Typisch ist, daß viele aufwendige, kostspielige und nicht immer risikoarme technische Untersuchungen durchgeführt werden, um einer Krankheit auf die Spur zu kommen. Typisch ist die immer größer werdende Ratlosigkeit, Hilflosigkeit und nicht zuletzt auch Ungeduld und Gereiztheit der Ärzte und der Angehörigen, wenn der Patient praktisch von Kopf bis Fuß durchuntersucht ist, kein krankhafter Befund festgestellt werden konnte, die Symptome aber nach wie vor vorhanden sind. Typisch dann die Schlußfolgerung, das Ganze müsse psychisch sein, und der Vorschlag, sich in psychotherapeutische Behandlung zu begeben, weil die psychischen Ursachen auch nur durch eine psychische Behandlung zu beseitigen seien. Das schließt in vielen Fällen nicht aus, daß auch in Zukunft weitere unergiebige körperliche Untersuchungen durchgeführt werden. Da die Krankheitserscheinungen weiterbestehen, wird typischerweise die symptomatische Behandlung mit Tranquilizern immer problematischer. Sie stürzt die Betroffenen in schwere Konflikte, weil sie selbst spüren, wie sie sich an diese Medikamente gewöhnen, ja von ihnen abhängig werden.

Für den Krankheitsverlauf ist weiterhin typisch, daß sowohl die Angehörigen als auch der Arzt dem Patienten immer häufiger und immer deutlicher zu verstehen geben, daß man ihn mit seiner Symptomatik nicht ganz ernst nehmen könne, daß man ein beträchtliches Stück Wichtigtuerei oder Ausnutzen der Krankheitssituation vermute – kurz, daß wohl Hysterie oder Hypochondrie mit im Spiele sei, auf die man nicht zu viel Rücksicht nehmen dürfe. Typisch ist dann auch, daß die ganze Familie in echte *Mitleiden*schaft gezogen wird, daß der Patient sich letztlich alleingelassen und unverstanden fühlt, weil die Krankheit, trotz der doch so offensichtlichen Symptomatik, für Außenstehende unverständlich, uneinfühlbar und nicht nachvollziehbar bleibt. Der Patient wird alleingelassen mit dem Gefühl: Diese Krankheit ist gar nicht zu beschreiben, sie ist unaussprechlich furchtbar. Und so wird sie dann ebenfalls typischerweise immer wieder mit neuen Attributen belegt: In unserem Bericht spricht die Autorin zunächst zurückhaltend an einer Stelle von einer »seltsamen«, später von einer »unerträglichen«, dann von einer »ominösen« Krankheit; schließlich spricht sie von einer »bedrohlichen«, »heimtückischen« oder gar von einer »teuflischen Krankheit« und von einem »qualvollen« Leiden, das über sie gekommen sei.

Wir können abschließend zu diesem Kapitel sagen, es ist typisch, daß die Depression – so paradox dieses klingen mag – in ihrem atypischen Gesicht nicht erkannt wird, was sich dann bei den ganz umschriebenen körperlichen Symptomen, die ebenfalls nicht als depressive Äquivalente erkannt werden, noch deutlicher zeigt. Das somatische Gesicht der Depression, das Symptome in jedem Organsystem betreffen kann, wird in diesem Falle typischerweise nicht erkannt.

Es seien noch zwei allgemeintypische Merkmale dieser Erkrankung genannt, die sich aus der Anamnese (Vorgeschichte) dieses Erlebnisberichtes ergeben und die auch für andere Krankheitsfälle typisch sind: Bei genauem Nachforschen läßt sich im Vorfeld doch häufig eine schwerwiegendere körperliche Allgemeinerkrankung feststellen. Sehr oft handelt es sich um eine Grippe (wie auch in unserem Fall). Daran schließt sich eine psychische und körperliche Erschöpfung in Verbindung mit Schlaflosigkeit an, die dem eigentlichen »Zusammenbruch« vorausgeht. Nicht selten spielt auch, wie in unserem Falle, ein vorübergehender erhöhter Alkoholkonsum eine Rolle, mit dem das Ganze kompensiert werden soll, was jedoch immer schiefgeht.

Häufig erkennt man erst zurückblickend doch einige *uncharakteristische Vorboten der Depression*, die sich meistens als Nervosität geäußert haben:

- gesteigerte Empfindlichkeit gegen Sinneseindrücke, die mit Geräuschempfindlichkeit, Schreckhaftigkeit und einer Hast und Unruhe in den Bewegungen einhergeht,
- gesteigerte Erregbarkeit der Affekte, die sich in einer erhöhten Reizbarkeit, Unbeherrschtheit und Ärgerlichkeit der Umgebung gegenüber zeigt,
- gesteigerte Erregbarkeit vegetativer Funktionen, wozu neben dem Schlafentzug auch die erhöhte Wahrnehmung körperlicher Funktionen, wie z. B. die der Herztätigkeit, gehört.

Erhöhte Erschöpfbarkeit und auch Einbuße der Leistungsfähigkeit werden von den Betroffenen beklagt; sie haben das Gefühl, mit den Nerven am Ende zu sein.

Schließlich zeigt dieses Krankheitsbild im Verlauf das typische Ansprechen der Erkrankung auf eine richtig durchgeführte Therapie mit Antidepressiva. Das Erlebnis, nach monatelangen, in anderen Fällen nach jahrelangen, vergeblichen diagnostischen und therapeutischen Bemühungen, dieser rätselhaften Erkrankung auf die Spur zu kommen, endlich von der Symptomatik, ja von dieser rätselhaften Krankheit, befreit zu sein, ist ebenfalls typisch: Es ist das Erlebnis, das Leben noch einmal, ja häufig erstmals wieder leben zu können. Es ist das Gefühl, es noch einmal geschenkt zu bekommen.

Das spezifisch Typische des Krankheitsbildes

Angst und Panik

Das spezifisch Typische dieses Krankheitsbildes ist die Angst, die Panik. Sie ist das Leitmotiv dieses Leidens und kommt treffend im Titel dieses Berichtes »… ganz plötzlich befiel mich Todesangst…« zum Ausdruck. Gleichsam symbolisch weist der scheinbar aus dem Zusammenhang herausgerissene Satz auf das Typische dieser Krankheit hin: auf die Unberechenbarkeit, auf das Nichtvorhersehbare und Nichtvoraussagbare, mit dem sich Angst und Panik überfallartig einstellen. Es ist das Gefühl, in jeder Situation, der banalsten und der, in der Anforderungen gestellt sind, Angst und Panik ausgeliefert zu sein und sie durch nichts kontrollieren zu können. Panik, das ist für die Patientin vor allem Todesangst, die Angst, jetzt und hier bei diesem Anfall sterben zu müssen, ohne sagen zu können, worin diese Angst besteht oder worin sie begründet ist. Daher auch die Angst vor dem Alleinsein, die Angst, im entscheidenden Moment keinen Menschen zu haben, der einem Hilfe bringen kann. Von der Angst wird sie »überfallen«, wird von ihr plötzlich, unerwartet »in Besitz genommen«, sie zieht ihr den Boden unter den Füßen weg, »sie war plötzlich einfach immer wieder da« und »schlich sich ein wie ein unheimlicher, unsichtbarer Feind«.

Von dieser »vernichtenden Angst« wird gesagt, daß sie schlimmer als Schmerzen sei, die noch ertragen werden können. Diese Angst kann buchstäblich nicht mehr ertragen werden, und deshalb erfordert es eine außerordentliche Kraft, die immer wieder neu aufgebracht werden muß, um die Angst vor Angehörigen und anderen zu verbergen. Viele Patienten sprechen davon, daß diese Angst auszuhalten über ihre Kräfte geht.

Die Patientin ist nicht die erste, die diese Angst, den unsichtbaren Feind, als das große unbekannte »Es« bezeichnet. Das ist der Versuch, die Angst, und mit ihr die ganze Krankheit, zu abstrahieren. Erst später, im Rückblick, weiß sie, daß »Es« das »Angstsyndrom« ist, von dem die medizinische Literatur berichtet. So wird das Angstsyndrom als unheimliches »Es« geschildert. »Es« überfällt, »Es« nimmt in Besitz, »Es« schleicht sich ein, »Es« krallt sich fest wie ein Untier, »Es« schlägt immer wieder erneut zu.

Typischerweise stellt sich, wie auch in unserem Fall, zusätzlich die Angst vor dem Wahnsinnig- oder Irrewerden ein, die Angst vor der Geisteskrankheit. Es ist die Angst, die Kontrolle über sich zu verlieren, weil man einer anderen Macht buchstäblich ausgeliefert ist. Dazu gesellt sich die Angst, in eine Nervenheilanstalt eingewiesen zu werden, aus der man vielleicht nie mehr herauskommt.

Und immer stärker macht sich das Gefühl, ja das Bewußtsein breit, die Selbständigkeit verloren zu haben. Totale Verunsicherung und Verlust des Selbstbewußtseins und des Selbstwertgefühls sind die unweigerliche Folge.

Typisch ist weiterhin, daß diese Angst nicht nur immer unkontrollierbarer wird, sondern daß sie sich immer weiter ausdehnt. Liegt am Anfang die Angst vor der Bedrohung der eigenen Existenz, so weitet sie sich schließlich aus zur Angst um andere, um die Allernächsten, so daß auch diese auf Schritt und Tritt in Gefahr und bedroht vermutet werden. Am Ende resultiert das Gefühl und das Bewußtsein, eine völlig veränderte, eine andere Person zu sein. So wird der Patient schließlich auch von anderen wahrgenommen. Der Mensch ist nicht mehr als der wiederzuerkennen, der er einmal war.

Persönlichkeitsveränderungen treten ein, wo Angst herrscht, aber auch dort wieder, wo der Mensch von der Angst befreit wird – z.B. hier, wo krankhafte, pathologische Angst verschwindet, wenn Antidepressiva zur Wirkung kommen.

— *Die körperlichen Symptome*

Der Begriff »seelischer Schmerz« macht deutlich, daß Seelisches ins Körperliche übergeht und daß man häufig zwischen seelischen und körperlichen Symptomen nicht zu unterscheiden weiß! Das gilt typischerweise auch für die Angst- und Paniksymptomatik in unserem Fall, die unmittelbar mit alarmierenden körperlichen Symptomen einhergeht und die nicht zuletzt dafür ausschlaggebend ist, daß die Patientin glaubt, jeden Moment sterben zu müssen.

Am alarmierendsten sind die typischen Herzsymptome. Und
die Furcht vor dem Herztod liegt nahe, wenn das Herz plötzlich beginnt,
»laut zu klopfen«, so daß der Herzschlag gehört wird, der doch normalerweise, ausgenommen bei Anstrengungen, gar nicht wahrzunehmen ist.
Bedrohlicher noch ist es, wenn das Herz plötzlich »wie verrückt, rasend
schnell« zu schlagen beginnt und sich »überschlägt«. Da ist es wenig
hilfreich, wenn der Arzt nur von einem »Überpulsieren« spricht und
wenn wenig später festgestellt wird, daß »Herz und Kreislauf normal«
seien. Ein perfekter Teufelskreis entsteht: Die Angst läßt das Herz
buchstäblich höher schlagen, setzt es in furchterregende Bewegung und
das Überschlagen und Rasen des Herzens macht wieder Angst. So entsteht auch die Angst vor der Angst, wenn sich schon die leichtesten
körperlichen Mißempfindungen, schon der leiseste unregelmäßige Herzschlag, einstellen.

Typisch ist auch der zweite große körperliche Symptomenkom-
plex, bestehend aus Schwindel und Kopfschmerz. Die Angst sitzt »im
Hinterkopf, speziell im Nacken«, sie ist schwindelerregend, so daß sich
alles dreht, der Schritt unsicher wird, der Boden unter den Füßen wankt
und entzogen wird. Die Angst vor dem Fallen, die nicht unberechtigt ist,
führt dazu, daß man einen Halt sucht, sich beim Gehen an den Wänden
entlang bewegt, sich an allen möglichen Gegenständen festklammert
und schließlich Hilfe im schnellen Sich-Niederlegen findet.

Der Kopfschmerz selbst wird einmal als »furchtbarer Druck«,
dann als «bohrender«, auch »stechender« Schmerz, als »Verkrampfung«,
dann wieder als Schmerz, der »den Schädel spaltet«, empfunden oder
auch beschrieben als ein Gefühl, als wenn an den Schläfen »ein Schraubstock angelegt« wird. Typischerweise entwickelt sich aus der Kopfsym-
ptomatik die Furcht, an einem Hirntumor zu leiden, und gleichzeitig die
Angst, daß dieser übersehen und nicht rechtzeitig diagnostiziert wird.

Typisch ist auch, daß die Patienten neben weiteren, relativ
charakteristischen Symptomen wie dem Auftreten von kaltem Schweiß,
Schüttelfrost und Atemstörungen (der Atem wird während eines Anfalls
kürzer und flacher) an einem ausgefallenen Symptom leiden, das bei
jedem Patienten anders aussieht. In unserem Falle war es das häufig
wiederkehrende Gefühl des »Aufheizens des linken Armes«, das sich

weder organisch noch psychisch in irgendeiner Weise einordnen ließ. Es bestand ja keine koronare Herzerkrankung. Dieses »Aufheizen« wurde aber immer wieder Anlaß zur größten Besorgnis.

Die Depression

Die Depression tritt im allgemeinen als ein Krankheitsbild in Erscheinung, das den Menschen in erster Linie freudlos und hoffnungslos erscheinen läßt. Diese seelische Seite der Depression spielte bei Frau Klein am Anfang, und auch später, nicht die Hauptrolle, da die Angst, die Panik und die körperlichen Symptome zunächst alle Aufmerksamkeit für sich in Anspruch nahmen. Dennoch lassen sich auch in diesem Falle typisch depressive Symptome feststellen, die nicht nur eine Reaktion auf die Krankheit darstellen, sondern Teil dieser Krankheit selbst sind. Dazu zählen einmal allgemeine Symptome einer Depression, nämlich der Gewichtsverlust und das Gefühl einer großen Kraftlosigkeit. Auch Äußerlichkeiten, wie das Gespenst eines um Jahre gealterten Gesichtes und das immer wiederkehrende, plötzlich auftretende, hemmungslose Weinen sind typisch, wenn in anderen Fällen Patienten auch gerade vom Gegenteil, nämlich der Unfähigkeit, zu weinen, berichten. Gut charakterisiert die Patientin ihr Gesicht in der Depression als ein »graues, eingefallenes Gesicht mit großen Augen«, die sie »verkrampft, verwirrt und furchtbar ängstlich« im Spiegel ansahen.

Das weniger Typische

In dieser Krankengeschichte gibt es jedoch auch einige Besonderheiten, die, verglichen mit anderen Fällen, weniger typisch sind. Darauf sei kurz hingewiesen: Weniger typisch ist, daß die Patientin »nur« sieben Monate litt, ehe sie mit der antidepressiven Therapie begann und von ihrem Leiden befreit wurde. In anderen Fällen sind es mehrere Jahre, ja ein ganzes Jahrzehnt und länger, die Patienten leiden, ehe sie erstmals in ihrem Leben die befreiende Wirkung eines Antidepressivums erfahren.

Weniger typisch ist auch, daß sie, dadurch, daß sie in ihrem Hausarzt einen nahen Freund der Familie hatte, bei dem sie im wesentlichen blieb, nicht durch eine Unzahl von Praxen der verschiedensten Fachrichtungen ihren Weg gehen mußte. Das hätte ihr jedoch vielleicht noch bevorgestanden, hätte sie nicht rechtzeitig genug mit der richtigen Therapie begonnen. Immerhin hat sie auch eine Heilpraktikerin aufgesucht, ein Zeichen, daß sie der Schulmedizin zu diesem Zeitpunkt nicht mehr das Vertrauen schenkte, ihr weiterhelfen zu können. Dies ist allerdings wieder typisch auch für andere Patienten. Die Patientin kam darum herum, zu viele aufwendige technische Untersuchungen über sich ergehen lassen zu müssen, was in anderen Fällen die Regel ist. Schließlich ist sie auch vor einer ausschließlichen Psychotherapie bewahrt worden, die am Ende einer »Arztkarriere« als einzige Alternative bleibt, wenn alle organischen Untersuchungen zu keinem greifbaren Ergebnis geführt haben. In anderen Fällen sind es häufig jahrelange, nicht selten mehrere Psychotherapieversuche bei unterschiedlichen Therapeuten, die unternommen werden, in der Hoffnung, dadurch das Leiden zu heilen, eine Hoffnung, die nicht erfüllt wird. Was nicht heißt, daß Psychotherapie in jeder Hinsicht überflüssig ist! Sie hilft in solchen Fällen jedoch nicht, die Symptomatik, das eigentliche Leiden, zu beseitigen, wie das die Antidepressiva tun.

Schließlich spielt die Frage der Selbstmordgefährdung in dieser Krankengeschichte auch keine wesentliche Rolle, wie das bei anderen Patienten, vor allem wenn das Leiden lange dauert, in der Regel der Fall ist. Allerdings ist zu beachten, und das ist nun wieder typisch für ähnliche Fälle, daß die seelische Widerstandskraft, der Lebensmut, die Lebensbejahung, desto mehr abnahm, je länger die Erkrankung dauerte und daß das Gebet: »Lieber Gott, erlöse mich von diesem Leiden«, immer mehr die Bitte einschloß, dem Ganzen ein Ende zu machen, und wenn's sein muß, auch durch den erlösenden Tod. Der Selbstmord ist in diesen Krankheitsfällen häufig buchstäblich der einzige Ausweg, die einzige Lösung, weil das Leiden für den Betroffenen nicht mehr länger zu ertragen ist. Nicht selten wird ein Selbstmord von den Betroffenen dadurch gerechtfertigt, daß das Leiden auch für die Angehörigen nicht mehr länger zumutbar sei, so daß man diese durch das eigene Sterben davon endlich befreien möchte.

≡ Um welche Krankheit handelt es sich?

Nun erhebt sich die Frage: Was ist diese Krankheit, dieses unheimliche Leiden? Woher kommt sie? Wer oder was verursacht sie? Hat sie der Mensch selbst verschuldet oder seine Mit- und Umwelt? Vor allem aber auch die Frage: Ist diese Art der Depression und der Angst wirklich eine Krankheit, wie andere Krankheiten in der Medizin, die vor allem etwas mit einer gestörten, krankhaften Körperlichkeit, d. h. Biologie, und nicht unbedingt mit gestörten zwischenmenschlichen Beziehungen, d. h. Psychologie, zu tun haben, wie ja die vielen vergeblichen psychotherapeutischen Bemühungen zu zeigen scheinen?

In der Tat handelt es sich bei dieser Angst- und Depressionserkrankung um ein in erster Linie medizinisches/biologisches Krankheitsbild, das in erster Linie mit medizinischen Mitteln zu behandeln ist, so wie auch eine Infektion oder eine Stoffwechselstörung in erster Linie mit einem Medikament zu behandeln ist.

Daß jedes ärztliche Handeln von einer grundlegenden psychotherapeutischen Haltung bestimmt sein muß, wenn es die Heilung zum Ziel hat, steht auf einem anderen Blatt. So sehe ich es in diesen Fällen als die erste und grundlegende psychotherapeutische Aufgabe des Arztes an, den Patienten die Furcht vor dem Medikament zu nehmen, die Furcht und das Vorurteil, Ängste und Depressionen als seelische Symptome dürften doch nicht durch Medikamente beseitigt werden, Seelisches sei nur durch Seelisches, d. h. durch nichtmedizinische und nichtbiologische Mittel zu heilen. Hier aufzuklären, diesen Grundirrtum zu beseitigen, darin liegt eine eminent psychotherapeutische Aufgabe und Herausforderung an den Arzt.

Irrtümlicherweise wird dieses Krankheitsbild immer noch zu den Neurosen gezählt, von denen wir wissen, daß dafür in erster Linie in der Umwelt begründete krankmachende seelische Einflüsse, seien es solche aus der frühen Kindheit, bewußte oder unbewußte, oder auch schädigende Einflüsse aus dem späteren Leben, verantwortlich gemacht werden. So lautet dann auch die häufigste Diagnose, in diesen Fällen eine Fehldiagnose: Angstneurose.

Dieses »seltsame«, »ominöse« Krankheitsbild, wie es die Patientin nennt, das von der unmittelbaren Umgebung so häufig als eingebildete Krankheit und von den Ärzten gleichermaßen als nicht ernstzunehmend eingeschätzt wird, weil durch die medizinisch-technische Apparatur keine Organveränderungen oder krankhafte Störungen zutage gefördert werden können, bleibt jedoch nur solange rätselhaft, solange man nicht die Erfahrung gemacht hat, daß die als Angst- oder depressive oder Organneurosen bezeichneten Krankheitsbilder durch die Therapie mit Antidepressiva genauso erfolgreich behandelt werden können wie die typischen, vererbbaren, sogenannten endogenen Depressionen, die wir nun schon seit über 30 Jahren in dieser Weise behandeln. Nur weil die Symptomatik eine andere, nämlich eine sogenannte »neurotische« ist, kommt man heute in der Regel noch nicht auf den Gedanken, diese Krankheitsbilder ebenso zu behandeln, wie die mit einer psychotischen Symptomatik, d. h. die echten Gemütskrankheiten, von denen wir längst wissen, daß für sie nicht psychologische, sondern biologische Ursachen das Ausschlaggebende sind, wenn diese biologischen Ursachen bisher auch noch nicht bis ins Letzte erforscht sind.

Aus diesem Grunde spreche ich bei diesen rätselhaften, häufig über Jahre verkannten Krankheitsbildern von *pseudoneurotischen Ängsten und Depressionen*. »Pseudoneurotisch« deshalb – und man kann dies nicht häufig genug wiederholen, um Klarheit zu schaffen –, weil es sich bei ihnen in Wahrheit um biologische, medizinisch therapierbare, und nicht in erster Linie in der Biographie begründete, mit psychologischen Mitteln therapierbare Ängste und Depressionen handelt, wenn die Lebensgeschichte und die indivuduelle Psychologie des Menschen selbstverständlich auch immer mitinvolviert sind und die Krankheit zusätzlich komplizieren. In einer geborgenen, spannungsfreien und verständnisvollen Umgebung wird die Krankheit anders erlebt und verarbeitet als in einem zerrütteten Milieu oder auch da, wo zusätzliche Konflikte im sozialen Umfeld bestehen. Überzeugend, gleichsam der Beweis dafür, daß es sich bei diesem Krankheitsbild nicht um ein Leiden handelt, dessen Wurzeln und Ursachen in der individuellen Lebensgeschichte und im Milieu zu suchen sind, sind jene Fälle, bei denen bis zum Ausbruch der Erkrankung glaubhaft und nachweisbar ein völlig unauffälliges, ja in jeder Hinsicht erfolgreiches und glückliches Leben vor Augen steht. Solche Fälle sind nicht selten, und es trifft auch für die Krankengeschichte in unserem Falle zu.

Medizinisch gesehen ist diese Krankheit eine Stoffwechsel-krankheit, die in erster Linie medikamentös behandelt werden muß. Sie ist also *nicht* unter den Krankheitsbildern der Neurosen einzuordnen, bei denen man heute immer noch im wesentlichen davon ausgeht, daß sie durch die Umwelt entstanden sind. Dem Wesen, wenn auch nicht der Symptomatik nach, sind diese Krankheitsbilder also den *echten Gemüts-krankheiten* zuzuordnen, von denen wir wissen, daß die Vererbbarkeit eine große Rolle spielt und daß Stoffwechselstörungen für sie verant-wortlich sind, wenn diese im einzelnen auch noch nicht bekannt sind. Daß dies so ist, daß diese rätselhaften neurotischen Krankheitsbilder, bei denen häufig eine jahre- und jahrzehntelange Psychotherapie nichts Entscheidendes bewegt, mit der Gemütskrankheit *endogene Depression* verwandt sind, zeigt sich vor allem dadurch, daß sie ebenso wie jene auf Antidepressiva ansprechen.

Daraus wird ersichtlich, daß sich bei diesen scheinbar so grund-verschiedenen Krankheitsbildern nur die Symptomatik, nicht aber die Ursache, voneinander unterscheiden. Warum das im einzelnen so ist, wissen wir nicht. Die Ursache liegt sicher in der jeweils individuell verschiedenen Reaktionsbereitschaft der Menschen begründet, be-stimmte psychologische oder psychische Symptome hervorzubringen. Gemessen an den typischen Symptomen einer Gemütskrankheit, z.B. gemessen an einem depressiven Verarmungs- oder Verschuldungs-wahn, der auch schon vom Laien diagnostiziert werden kann, sind diese »neurotischen« Symptome atypisch und uncharakteristisch und verlei-ten immer wieder dazu, sie zu psychologisieren, d.h. auf »psychische Ursachen« zurückzuführen. Deshalb führen sie in der Regel auch immer zuerst zum Psychotherapeuten, der ihnen gegenüber jedoch – mit Ge-sprächen und Analysen allein – hilflos bleibt.

Wie häufig sind diese atypischen, biologisch bedingten Depres-sionen und Ängste? Genaue Zahlen liegen bisher nicht vor. Wir können jedoch davon ausgehen, daß sie 10- bis 20mal so häufig, ja wahrschein-lich noch häufiger, sind wie die klassischen, typischen Depressionen und psychotischen Ängste, zumal die atypischen Krankheitsbilder in den drei Hauptlinien ihrer Symptomatik, die wir bereits kennen (der Angst, der Depression und der körperlichen Symptomatik) in ihrer Ausgestal-tung äußerst variationsreich sind und sich auch im Ausprägungs- oder

Stärkegrad unterscheiden. Sie können in allen Abstufungen auftreten, so daß sich in einigen Fällen insbesondere zu Beginn einer Erkrankung, durchaus die Frage stellt: Handelt es sich hierbei um seelische Empfindungen und Reaktionen, die im Bereich des noch Gesunden oder noch Normalen liegen, oder handelt es sich schon um Symptome mit Krankheitswert?

Andererseits ist die Diagnose bei diesen atypischen Krankheitsbildern in den meisten Fällen ebenso einfach wie bei den typischen Gemütskrankheiten, wenn man erst einmal das auf den ersten Blick irreführende Muster oder Symptombild dieser Krankheit erkannt hat, bei dem einmal mehr das Seelische, ein anderes Mal mehr das Körperliche in Erscheinung tritt. Leitsymptome, die das ganze Krankheitsbild so beherrschen können, daß sie zunächst als das einzige und alleinige Leiden angesehen werden, sind aber die Angst und die Panik.

Die eingangs gestellte Frage, wie der Zusammenhang von Angst, Depression und körperlichen Symptomen bei ein- und demselben Krankheitsbild zu verstehen sei, läßt sich nunmehr auch beantworten, wenn wir erfahren, daß dieser Symptomwechsel nicht nur bei den atypischen, pseudoneurotischen Krankheitsbildern zu beobachten ist, sondern daß er auch bei den typischen, klassischen Gemütskrankheiten vorkommt. Im letzten Falle ist die Diagnose jedoch immer von vorneherein klar, weil die Symptomatik ganz anders, nämlich *qualitativ neu* ist, so daß sie sofort als psychotisch und nicht als neurotisch (im geläufigen Sinne) eingestuft wird. Der qualitative Sprung von der neurotischen zur psychotischen Symptomatik besteht in der Erkenntnis und im Urteil von Außenstehenden, daß bei dem Menschen, bei dem eine Psychose besteht, die Realitätskontrolle *total* aufgehoben ist und daß *absolute* Kritik- und Urteils*unfähigkeit* besteht, daß sich das Wesen der Psychose als Werkzeugstörung der Vernunft manifestiert, wie es z. B. in der Angstpsychose und in der psychotischen Depression, wozu auch der hypochondrische Wahn zählt, zu beobachten ist. Bei der neurotischen, oder richtiger pseudoneurotischen, Angst und Depression besteht immer noch Krankheitseinsicht. Diese Krankheitseinsicht ist in der Psychose aufgehoben.

Damit stehen wir vor der Beantwortung der zweiten eingangs gestellten Frage, weshalb das Krankheitsbild nicht früher erkannt wurde als das, was es seinem Wesen nach ist, nämlich als ein Krankheitsgeschehen, dem ein gestörter Stoffwechsel zugrunde liegt?

Wer den Ausführungen bisher aufmerksam gefolgt ist, versteht, weshalb es bis heute immer noch zu einer Verkennung dieses Krankheitsbildes kommt, er sieht nämlich ein, daß dem Verkennen ein grundlegendes Mißverständnis in der Krankheitslehre vorausgeht – wir sprechen in der Wissenschaft von einem nosologischen Mißverständnis –, nämlich das Mißverständnis, daß davon ausgegangen wird, es handele sich bei den Neurosen, bzw. bei der neurotischen Symptomatik *grundsätzlich* um ein anderes Krankheitsbild und Krankheitsgeschehen, als dies bei den Gemütskrankheiten der Fall ist. Deshalb werden bei der neurotischen Symptomatik auch keine Antidepressiva eingesetzt, was bei den Gemütskrankheiten mit großer Selbstverständlichkeit getan wird. Deshalb werden in erster Linie Tranquilizer, d. h. Beruhigungsmittel, eingesetzt, um, wie man durchaus erkennt, wenigstens symptomatisch, d. h. nicht auf die Ursache zielend, das Leiden vorübergehend zu lindern. Dabei wird manchmal, wenn das Leiden unerträglich wird, das Risiko der Abhängigkeit bewußt in Kauf genommen.

Auch die dritte eingangs gestellte Frage nach der ausschlaggebenden Ursache dieses Krankheitsbildes ist aus dem bereits Gesagten beantwortet, nämlich aus dem wiederholt gemachten Hinweis, daß es sich um eine primär biologische, stoffwechselbedingte, und nicht um eine biographische, psychologische Verursachung des Leidens handelt.

Dies soll nun noch kurz erläutert werden, insbesondere deshalb, weil diese Antwort bei einer Vielzahl von Patienten, jedoch nicht bei allen, Beunruhigung hervorruft.

Der Gedanke und die Vorstellung, daß seelische Symptome wie Angst und Depression und die Konflikte, die sich gedanklich darum drehen, eine körperliche, stoffliche Grundlage haben, die durch Medikamente zu beseitigen ist, ist für viele mehr als ein Problem, es ist ein regelrechtes Ärgernis, sozusagen eine Herausforderung an den Menschen als geistiges Wesen. Und doch sollte man daraus kein Ärgernis machen und daran keinen Anstoß nehmen. Folgende Überlegung ist vielleicht hilfreich für das rechte Verständnis:

Die körperlichen und seelischen Folgen von körperlicher Erschöpfung, Schlaflosigkeit und Hunger können z. B. nicht durch gutgemeinte Ratschläge, auch nicht durch den Willen, sondern allein durch ein ausreichendes Maß an Erholung, Schlaf und Nahrung behoben werden. Und dazu ein Vergleich, der zum Nachdenken anregen soll: So wie es die unterschiedlichsten Arten, und vom Schweregrad her die unterschiedlichsten Ausprägungen, von Krankheiten aller Organsysteme außerhalb des Nervensystems gibt, so kann in der gleichen Weise auch das Nervensystem sehr unterschiedlich erkranken, wobei Krankheit in diesem Zusammenhang immer Schädigung und Funktionsstörung des Organs, hier des Nervensystems, bedeutet. Einige Patienten, wie auch die Patientin in unserer Krankengeschichte, erfassen diesen Sachverhalt sofort intuitiv, wenn sie alle Versuche, ihren Ängsten und Depressionen Ursachen aus der eigenen Biographie oder dem Milieu zugrunde zu legen, kategorisch ablehnen und glaubhaft und überzeugend zu verstehen geben, daß die Ursache ihrer Erkrankung eben nicht Probleme und Konflikte sind, sondern daß es sich um eine Krankheit handeln muß, auch wenn sie diese nicht kennen. Viele Patienten bringen machmal auch spontan einen richtigen Gedanken zum Ausdruck, wenn sie sagen, daß sie das Gefühl haben, es fehle ihnen »ein Stoff«, dessen Mangel die Ursache ihrer Krankheit sein muß. Wenn sich der Therapieerfolg dann durch die Gabe eines Antidepressivums einstellt, finden sie sich in ihrer Annahme bestätigt.

≡   ## Warum helfen Psychotherapie und Tranquilizer nicht?

Diese Frage ist nach bisheriger Kenntnis der Sache im Grunde auch schon beantwortet. Wenn es stimmt, daß dem Nervensystem sozusagen ein Stoff fehlt, damit es wieder richtig arbeitet und funktioniert, damit wieder normale und keine krankhaften seelischen Empfindungen und Äußerungen entstehen, dann kann eben nur die Gabe oder Bereitstellung dieses fehlenden Stoffes nicht nur die Symptome, sondern die ihnen zugrundeliegende krankhafte Störung beseitigen.

Antidepressiva sind *nicht* der fehlende Stoff, der dem Nervensystem zugeführt werden muß, damit es wieder normal funktioniert, etwa so, wie das äußerlich zugeführte Insulin beim Diabetes das körpereigene Insulin, das in der Bauchspeicheldrüse versiegt ist, ersetzen soll. Antidepressiva greifen in den Hirnstoffwechsel in der Weise ein, daß sie insbesondere das vegetative Nervensystem anregen, einen eingetretenen Mangel an Überträgerstoffen (Transmitter) durch Bereitstellung zu beheben. Es gibt verschiedene »Mangelhypothesen« und andere Erklärungsversuche, weshalb es bei typischen Melancholien zu krankhaften Stoffwechselveränderungen im Gehirn kommt. Die gleichen Hypothesen und Erklärungsversuche gelten aber auch für die neurotischen Erkrankungen, z. B. für die sogenannte Angstneurose unserer Krankengeschichte.

Während die Antidepressiva direkt in den Hirnstoffwechsel eingreifen, so daß die Ursache der Erkrankung, und damit auch die Symptomatik, behoben wird, greifen Tranquilizer oder Beruhigungsmittel an ganz anderer Stelle im Nervensystem ein. Die Tranquilizer besetzen sozusagen nur vorübergehend die krankhaft gestörten Nervenzellgebilde, die für die Symptome verantwortlich sind. Solange diese Gebilde besetzt sind, empfindet der Patient Erleichterung, weil die Symptome damit verschwunden sind. Diese Besetzung erfolgt rasch, in wenigen Minuten, deshalb auch der sofortige Wirkungseintritt der Tranquilizer im Gegensatz zu der im Verhältnis unendlich langen Zeit, bis die Antidepressiva wirken. (Es kann bis zu mehreren Wochen dauern.) Die Wirkung der Tranquilizer hält aber nicht lange an. Nach wenigen Stunden läßt sie nach. Es kommt auch zur Entwicklung von Toleranz, d. h. bald genügt die Anfangsdosis nicht mehr, sondern eine Dosissteigerung ist erforderlich. So kommt es zu Gewöhnung und zur Abhängigkeit.

Wir müssen also festhalten: Bei den Antidepressiva und den Tranquilizern handelt es sich um zwei grundverschiedene Stoffklassen von Psychopharmaka, die keinesfalls in einen Topf geworfen werden dürfen. Während die Antidepressiva eine ursächliche Wirkung auf das Krankheitsbild entfalten, grundsätzlich keine schädlichen Nebenwirkungen haben und nicht abhängig machen, üben die Tranquilizer nur eine symptomatische Wirkung aus, d. h. sie beseitigen, kurzfristig, die Symptome, vermögen die Krankheitsursache jedoch nicht zu beeinflussen. Sie führen darüber hinaus zur Gewöhnung und unter Umständen zur Abhängigkeit. Sie sind, mit Einschränkungen, in gewisser Weise mit dem Alkohol vergleichbar. Auch dieser übt vorübergehend häufig eine beruhigende Wirkung aus, ist jedoch grundsätzlich ein problematisches und gefährliches Mittel, wenn man ihn zur Beruhigung der Nerven zu sich nimmt.

Was in Bezug auf die Wirkungslosigkeit der Tranquilizer gesagt wurde, wenn es um die Behebung der Krankheitsursache geht, gilt – wenn auch unter ganz anderen theoretischen Voraussetzungen – ebenso für die Psychotherapie. Auch die Psychotherapie kann den »Stoff« nicht ersetzen, dessen Fehlen oder Mangel die Symptome verursacht. Das ist ein hartes Wort. Angesichts des hohen idealistischen Anspruchs, den die Psychotherapie allgemein erhebt und angesichts ihrer komplexen Theorie zur Krankheitsentstehung von Neurosen klingt dieses Wort abschreckend materialistisch, wenn nicht banal. Und doch ist es die Wahrheit. Und wenn diese Wahrheit auch eine angefochtene bleibt, weil in ihr bislang noch keine letzte und vollkommene Erkenntnis über die Ursache der verschiedenen krankhaften Ängste, Depressionen und anderen psychischen Störungen vorliegt, so ist es doch in jedem Fall wahrhaftiger als 10 000 Worte, die die Beseitigung der Symptomatik dieser furchtbaren Krankheiten in einer jahrelangen Analyse ihrer Entstehungsmöglichkeiten versuchen ans Licht zu bringen. Jede ernstzunehmende Psychotherapie erhebt ja den Anspruch, nicht nur symptomatisch, sondern gerade ursachenbezogen therapieren zu wollen.

Warum helfen Psychotherapie und Tranquilizer, die zwei am häufigsten durchgeführten Fehltherapien, in Krankheitsfällen, wie in unserem Erlebnisbericht geschildert, nicht? Wir könnten ebenso fragen: Warum helfen bei einer Lungenentzündung nicht Psychotherapie und Aspirin, obwohl beides hilfreich, und in bestimmten Situationen auch mit geboten sein kann? Die Antwort muß lauten: In der gleichen Weise, wie Aspirin Fieber senkt und somit ein Symptom zum Verschwinden bringt, so kann auch ein Tranquilizer das Symptom Angst für kurze Zeit zum Verschwinden bringen; und in der gleichen Weise wie erst das Penicillin, oder ein anderes Antibiotikum, den Verursacher der Lungenentzündung erfolgreich bekämpft und Heilung bewirkt, so wirkt das Antidepressivum bei krankhaften Ängsten, Depressionen und anderen, primär biologisch verursachten seelischen Störungen.

Es ist das Vorurteil gegen Psychopharmaka allgemein, das die verschiedenen Klassen von Medikamenten mit ganz unterschiedlichen Wirkungen und Nebenwirkungen in einen Topf wirft, das verhindert, daß Antidepressiva erfolgreich bei Menschen eingesetzt werden, die häufig jahrelang unter Panikattacken, furchtbaren Ängsten und Depressionen und den quälenden körperlichen Beschwerden leiden.

≡ Was muß man über die Durchführung der Therapie mit Antidepressiva wissen?

Es kann an dieser Stelle nicht im einzelnen und nicht ausführlich auf alle wichtigen Aspekte der Therapie mit Antidepressiva eingegangen werden, insbesondere gilt dies für die unterschiedlichen Arten von Antidepressiva. Es muß dem Arzt vorbehalten bleiben, je nach Art des klinischen Erscheinungsbildes seines Patienten, das Antidepressivum einzusetzen, das er für das geeignetste hält. In diesem Zusammenhang spielt vor allen Dingen die Frage eine Rolle, ob der Patient selbstmordgefährdet ist oder nicht, ob er einen Rückhalt in der Familie hat, so daß die Therapie, wie das in den meisten Fällen möglich ist, ambulant durchgeführt werden kann, oder ob mit der Therapie in einer Klinik begonnen werden muß. Wenn keine Selbstmordgefahr besteht, und wenn auch die Angehörigen des Patienten mit über die Therapie aufgeklärt sind, steht einer ambulanten Behandlung nichts im Wege.

Die Information des Patienten über die Durchführung der Therapie mit Antidepressiva muß im einzelnen folgende Punkte enthalten:

1. *Aufklärung über die Medikamentengruppe: Antidepressiva*
Der Patient muß erfahren, daß es sich bei Antidepressiva erstens nicht um Psychopharmaka handelt, die abhängig oder süchtig machen oder sonstwie eine Persönlichkeitsveränderung bewirken (Abgrenzung von Tranquilizer), sondern daß der Patient durch die Behandlung mit Antidepressiva eine echte Chance erhält, nicht nur symptomfrei zu werden, sondern wieder ein normales Leben zu führen.

2. *Zeitpunkt des Wirkungseintrittes*
Der Patient muß darüber aufgeklärt werden, daß er nicht mit einem schnellen Wirkungseintritt rechnen darf, wie das bei den Tranquilizern

der Fall ist. Keine antidepressive Therapie sollte vor Ablauf von 8 Wochen als erfolglos abgebrochen werden. In der Regel setzt die Wirkung nach ca. 2 bis 3 Wochen ein, es gibt Fälle, bei denen bereits nach wenigen Tagen, und andere Fälle, bei denen erst nach 8 und 10, ja nach 12 Wochen der eindeutige Erfolg eintritt.

3. *Nebenwirkungen*

Die Nebenwirkungen der Antidepressiva sind in den ersten Wochen für den Patienten in der Regel sehr belastend. Wenn er darüber nicht von vornherein aufgeklärt wird, steht er in der Versuchung, die Therapie abzubrechen oder nicht ordnungsgemäß durchzuführen, insbesondere dann, wenn in den ersten Wochen noch nicht die erhoffte therapeutische Wirkung eintritt. Die Nebenwirkungen können an dieser Stelle nicht alle im einzelnen aufgeführt werden. Sie sind in den Beipackzetteln aufgelistet. Der Patient darf sich jedoch in keinem Fall dadurch abschrecken lassen. Sehr häufig sind es nur vereinzelte Nebenwirkungen – vor allem Müdigkeit, Schwindel, Mundtrockenheit und manchmal auch vorübergehend eine Symptomverstärkung – die jedoch im Verlaufe der Therapie nachlassen. In wenigen Fällen treten die Nebenwirkungen auch fast völlig zurück. Wichtig ist zu wissen, daß sie in der Regel keine echte Gefahr darstellen, auch wenn sie subjektiv alarmierend wirken. Später verschwinden sie praktisch völlig.

4. *Dosierung*

Die Dosierung der Antidepressiva muß individuell erfolgen. Sie ist Sache des Arztes. Im Hinblick auf therapeutische Mißerfolge gilt die Regel: Antidepressiva werden zu häufig unterdosiert. Der Patient neigt vor allem dazu, von sich aus die Dosis zu reduzieren, wenn zu Beginn der Behandlung die Nebenwirkungen stark sind und der therapeutische Erfolg noch nicht da ist.

5. *Dauer der Therapie*

Antidepressiva sollten mindestens ein Jahr lang eingenommen werden. Die häufigste Ursache des Mißerfolgs der Therapie mit Antidepressiva ist, wohl noch häufiger als die Ursache der Unterdosierung, in der zu kurzen Behandlungszeit zu sehen. Es sollte mindestens 3 bis 4 Monate mit der klinisch vertretbaren Höchstdosierung behandelt werden und erst dann eine langsame Dosisreduzierung (Ausschleichen der Medikation) unternommen werden. Häufig ist auch eine Dauermedikation mit einer, z.T. sehr geringen, Erhaltungsdosis über Jahre angezeigt. Auch hier ist darauf hinzuweisen, daß die Dauermedikation im Prinzip ungefährlich ist.

6. *Notwendigkeit der Therapiekontrolle*
Die Therapiekontrolle ist im wesentlichen aus zwei Gründen erforderlich: Der Patient muß, insbesondere zu Beginn der Therapie, d.h. in den ersten 3 bis 4 Monaten, vom Arzt nicht in erster Linie »kontrolliert« werden, ob er vorschriftsgemäß die Medikamente einnimmt – das ist in diesem Zusammenhang nur ein, wenn auch notwendiger, äußerlicher Aspekt –, sondern er muß psychotherapeutisch begleitet werden. Psychotherapeutische Begleitung bedeutet, daß unter Umständen, auch und gerade dann, wenn die Therapie erfolgreich ist, bei dem Patienten eine Reihe von Fragen auftauchen, die mit dem behandelnden Arzt ausführlich besprochen sein wollen. Zu diesen Fragen gehört die immer wieder auftretende Beunruhigung, ob die Medikamente vielleicht nicht doch schädlich sind, wie sie denn plötzlich eine so grundlegende Veränderung herbeiführen konnten und ob eventuell bald auf die Medikamente ganz verzichtet werden kann? In einigen Fällen gibt es unter dem, erstmals sichtbaren und erlebbaren, Verschwinden der Ängste und Depressionen ein echtes Aufarbeiten von Konflikten und Problemen, was bis dahin, häufig nach langer Psychotherapie, nicht möglich war. Es ist jedoch die Regel, daß nach Einsetzen des Therapieerfolges mit Antidepressiva es zu einer Distanzierung von bislang psychologisch wirksamen Konflikten kommt, weil sie nunmehr bewältigt werden und sich als echt »pseudoneurotisch« herausstellten. Therapiekontrolle bedeutet in diesem Zusammenhang schließlich auch, daß dem Patienten bewußt wird, er bekommt nicht nur eine »Pille« verschrieben und wird jetzt allein und sich selbst überlassen, sondern der Arzt ist für ihn weiterhin jederzeit erreichbar.

Die Therapiekontrolle ist außerdem erforderlich, um die seltenen, aber immerhin zu beachtenden Gegenanzeigen, wenn sie sich im Verlaufe der Therapie erst herausstellen sollten, rechtzeitig zu erkennen, um die Therapie auf ein anderes Antidepressivum umzustellen oder auch sonstwie zu modifizieren.

7. *Gegenanzeigen*

Zu den Gegenanzeigen gehört, daß bestimmte Gruppen von Antidepressiva nicht ohne weiteres miteinander kombiniert werden dürfen und daß sie auch nicht bei akuten Alkohol-, Schlafmittel- und Schmerzmittelvergiftungen eingenommen werden dürfen. Der Arzt hat das zu entscheiden. Es gibt ferner eine Reihe von körperlichen Erkrankungen, z.B. epileptische Anfälle und andere körperliche und psychische Erkrankungen, bei denen Antidepressiva nicht ohne weiteres eingesetzt werden dürfen, z.B. bei den sehr verschiedenen sogenannten Geisteskrankheiten, den Schizophrenien, aber auch nicht bei schweren Herzerkrankungen. Das ist jedoch nicht der Ort, die Grenzen der Antidepressiva zu betonen, sondern ihre Möglichkeiten aufzuzeigen – Möglichkeiten, die bisher weit unterschätzt, ja noch nicht richtig erkannt und entdeckt wurden.

Welche Medikamente werden eingesetzt?

Als erstes Antidepressivum wurde Tofranil (Imipramin) 1957 eingeführt. Heute kommen weit mehr als 50 verschiedene Antidepressiva weltweit zum Einsatz. Es kann an dieser Stelle auch nicht der Versuch unternommen werden, die verschiedenen Antidepressiva nach ihrer, im Einzelfall doch recht unterschiedlichen, klinischen Wirkung einzuteilen oder zu beurteilen. Es werden immer wieder neue Antidepressiva entwickelt und auf den Markt gebracht mit dem Ziel, bei gleicher, oder besserer, antidepressiver Wirkung die Nebenwirkungen zu reduzieren. Zu den wirksamsten Antidepressiva gehört heute nach wie vor die Gruppe der sogenannten trizyklischen Antidepressiva, zu denen auch das Anafranil (eine Weiterentwicklung des Tofranils) gehört, das in unserem Falle eingesetzt wurde. Das Anafranil ist eines der wirksamsten Antidepressiva überhaupt. Die Nebenwirkungen können zu Beginn der Therapie jedoch beträchtlich sein. Nach 4 Wochen sind sie aber so gut wie verschwunden.

Ich habe im Laufe der Jahre immer wieder versucht, andere Antidepressiva, die nebenwirkungsärmer sind, einzusetzen. Die klinische Erfahrung hat jedoch gelehrt, daß sie in ihrer Wirksamkeit nicht an die der trizyklischen Antidepressiva, insbesondere nicht an die des Anafranils, heranreichen. Es gibt innerhalb der Gruppe der trizyklischen Antidepressiva Präparate, die vor allem zu Beginn der Therapie eine andere Wirkung entfalten, nämlich eine primär dämpfende oder sedierende Wirkung, die bei gegebener Selbstmordgefahr vorzuziehen ist.

Klinisch gesehen kann man die Antidepressiva in zwei große Gruppen unterteilen, in die eine Gruppe, die primär, zu Beginn der Therapie vor allem den Antrieb und die Erregung dämpft und bei selbstmordgefährdeten Patienten anzuwenden ist, und eine andere Gruppe, die primär den Antrieb steigert und die bei Suizidalität nicht gegeben werden darf. Das Anafranil ist keine dieser beiden Gruppen eindeutig zuzuordnen. Es wirkt individuell sehr verschieden. In den meisten Fällen führt es zu Beginn der Behandlung auch zu Müdigkeit, es kann jedoch auch zu einer Erregung und Antriebssteigerung kommen. Bei von vorneherein sehr erregten und antriebsgesteigerten Patienten sollte daher die Therapie mit einem antriebsdämpfenden Antidepressivum durchgeführt werden. Man kann später auch das Antidepressivum wechseln.

Jeder Arzt wird ohnehin nur mit relativ wenigen Medikamenten einer bestimmten Arzneimittelgruppe umgehen, mit denen er genügend persönliche Erfahrung gewonnen hat.

Spricht eine Depression auf ein Antidepressivum nicht nach 8 bis 12 Wochen an, so ist damit noch nicht gesagt, daß nicht ein anderes Antidepressivum dennoch wirksam wird. Antidepressiva können auch kombiniert werden. Deshalb ist in einigen Fällen Geduld vonnöten, bis es zum Therapieerfolg kommt.

Heilung durch Antidepressiva?

Bei jedem Patienten, der durch Antidepressiva von seinen Ängsten oder Depressionen grundlegend befreit wurde, stellt sich ganz natürlich die Frage ein: bin ich jetzt geheilt, oder muß ich damit rechnen, daß die Krankheit wiederkommt? Damit verbunden ist natürlich auch die Frage, wie lange sind Antidepressiva einzunehmen, etwa lebenslang? Dieser Gedanke ist in der Regel doch für jeden Patienten beunruhi-

gend. Es gibt jedoch auch Ausnahmen. Patienten, die Jahre, ja jahrzehn-
telang unter schwersten Ängsten und Depressionen zu leiden hatten, so
daß sie im Rückblick diese Jahre als ein Stück verlorenes Leben anse-
hen, geben eindeutig zu verstehen, daß sie bereit sind, auch für den Rest
des Lebens dieses Medikament weiterhin einzunehmen. Diese Überlegung wird einmal getragen von der Einsicht, daß sie, angesichts dessen,
was sie in der Vergangenheit zu leiden hatten, keinesfalls ein Risiko
eingehen möchten, und zum anderen von der Erkenntnis, daß letztlich
kein Unterschied darin bestehe, ob man, wenn erforderlich, ein Antidepressivum oder auch ein anderes Medikament, das der Körper benötigt,
z. B. ein Herzmittel oder ein Mittel gegen Diabetes mellitus, einnimmt.
Die Regel ist jedoch, daß die Patienten, vor allem je länger es ihnen gut
geht, den Wunsch äußern, das Medikament bald absetzen zu dürfen, wie
es auch die Patientin im Falle unserer Krankengeschichte zum Ausdruck brachte.

Meine Antwort auf die Frage, ob es sich bei der Befreiung von
der Symptomatik durch Antidepressiva um eine »endgültige«, »gründli-
che« »Heilung für immer«, oder wie es die Patienten auch sonst zum
Ausdruck bringen, handelt, ist in der Regel folgende: Nach völligem
Absetzen des Medikamentes, was frühestens jedoch erst nach einem
Jahr erwogen werden sollte, hat der Patient durchaus die Chance, daß er
für viele Jahre, vielleicht auch für immer, von dieser Krankheit ver-
schont bleibt. Es wäre jedoch nicht aufrichtig, dem Patienten vorzuent-
halten, daß es zu Rückfällen kommen kann. In diesem Falle weiß der
Patient dann jedoch aus der Erfahrung, daß er bereits bei den ersten
Anzeichen dieser Erkrankung wieder mit der Behandlung beginnen
muß. Wenn dies frühzeitig genug geschieht, kann vermieden werden,
daß sich die Symptomatik in ihrer ganzen Schwere ausbildet.

Diese Information ist für die meisten Patienten ein realistischer
Anhaltspunkt, an dem sie sich ohne große Bedenken orientieren, für
einige bedeutet es jedoch weiter ein Stück Beunruhigung, weil für sie der
Gedanke, letztlich doch von einem Medikament »abhängig« zu sein,
schwer zu verarbeiten und zu ertragen ist. In diesen Fällen ist es hilfreich, den Patienten klarzumachen, daß eine erneute psychische Erkrankung ebenso anzusehen sei, wie eine andere, körperliche Krankheit, z. B. eine Grippe, und daß sie dafür nicht verantwortlich zu machen

seien, daß sie sich jedoch auch von der Illusion befreien müßten, psychische Gesundheit sei etwas, was man für alle Zeit – das gilt auch für körperliche Gesundheit – garantieren könne. Jeder Patient, der einmal die Qualen einer Depressions- oder Angstkrankheit durchlitten hat, und der die Erfahrung gemacht hat, wie er durch eine antidepressive Therapie davon befreit wurde, sollte aber für die Zukunft keine Angst mehr vor dieser Krankheit haben, weil er weiß, daß ihm, wenn es darauf ankommt, wieder geholfen werden kann.

≡ Wo bekommen Betroffene Rat und Hilfe?

In erster Linie werden sich Betroffene an einen niedergelassenen Nervenarzt oder Psychiater wenden, der Erfahrung im Umgang mit Antidepressiva hat. Da die meisten Nervenärzte immer noch mehr oder weniger grundsätzlich zwischen der Gemütskrankheit, Melancholie und einer depressiven Neurose oder auch Angstneurose unterscheiden, und im letzten Falle nur zögerlich Antidepressiva einsetzen, weil sie nach wie vor davon überzeugt sind, daß Neurosen in erster Linie psychotherapeutisch oder verhaltenstherapeutisch behandelt werden müssen, wird es nicht immer ganz einfach sein, einen Arzt zu finden, der mit Überzeugung hinter der medikamentösen Behandlung steht. Er wird dazu jedoch um so eher bereit sein, je länger das Leiden schon besteht und besonders dann, wenn bereits mehrere erfolglose Therapieversuche, insbesondere auch Psychotherapien, stattgefunden haben.

In einigen Fällen äußern Patienten, die sich gerade in Psychotherapie befinden, den Wunsch, beides tun zu können: sowohl die Psychotherapie weiterzuführen als auch mit der antidepressiven Therapie zu beginnen. Da eine sogenannte tiefenpsychologische oder analytische Psychotherapie, oder auch eine Verhaltenstherapie, in der Regel von einem anderen Therapeuten durchgeführt wird als von dem Arzt, der mit dem Antidepressivum therapiert, sollte daraus kein grundsätzliches Problem entstehen. Ein Konflikt für den Patienten entsteht nur dann, wenn der Psychotherapeut zu verstehen gibt, daß die Antidepressiva seiner Therapie im Wege stehen, oder gar verlangt, daß er sich für das eine oder andere entscheiden müsse.

Hat der Patient zu einem Nervenarzt oder Psychiater keinen Zugang, so kann auch ein Allgemeinarzt, wie das ja auch in unserer Krankengeschichte der Fall ist, die Behandlung übernehmen. Das bereits oben Gesagte hinsichtlich der Überzeugung, dieses Krankheitsbild mit Antidepressiva behandeln zu können, gilt auch hier.

Die Anzahl der Ärzte wächst jedoch, die sich vor allem durch Fallschilderungen oder auch durch einen Erlebnisbericht, wie er uns hier vorliegt, davon überzeugen lassen, daß die Therapie mit Antidepressiva bei Angstneurosen und depressiven Neurosen keine sekundäre oder Ersatztherapie, sondern die einzig richtige Therapie darstellt.

≡ Schlußbemerkung

Die Sprache der Wissenschaft ist nicht die natürliche Sprache des Menschen. Sie ist in allen Sprachen der Welt die gleiche und in allen Sprachen gleich unverständlich für den, der sie nicht gelernt hat. Gemessen an der Zahl derer, mit denen sich die psychiatrische Wissenschaft beschäftigt, nämlich mit der großen Anzahl von seelisch Kranken, verstehen die wenigsten Betroffenen die Sprache der Wissenschaft, die sich mit ihrer Krankheit beschäftigt. Deshalb sind Fachbücher für Betroffene oft eher ein Hindernis als eine Hilfe, wenn es darum geht, sich über die eigene Krankheit zu informieren und zu erfahren, wie und wo einem geholfen werden kann.

Die Sprache der Wissenschaft ist aber auch im Fluß, das heißt, ihre Begriffe und Definitionen ändern sich häufig oder erfahren einen Bedeutungswandel nach der jeweiligen Lehre, die gerade herrscht. Dies gilt nicht für die natürliche Sprache der Krankheit, die die Sprache des Kranken ist und die sofort von allen verstanden wird.

In diesem Erlebnisbericht einer Depression spricht die Krankheit ihre eigene, natürliche Sprache, indem der Mensch, der sie erleidet, in seiner Sprache spricht. Ja, wir können sagen, die Patientin bringt die Krankheit *zur Sprache*, indem sie ihr Leben, ihren ganz persönlichen Alltag schildert – eine Zeitspanne von sieben Monaten, die bestimmt war von der Krankheit Angst und Depression. Insofern liegt uns hier auch eine Krankengeschichte vor, jedoch keine Krankengeschichte, die sich durch wissenschaftliche Fachbegriffe auszeichnet, und es wird auch nicht in erster Linie über die Krankheit berichtet, sondern die Krankheit meldet sich immer wieder selbst zu Wort – dann aber auch schließlich, nach der Heilung, der ganz normale, der gesunde Mensch.

Und nun möchte ich an dieser Stelle doch noch auf etwas Typisches dieser Krankheit hinweisen, was bisher noch nicht, jedenfalls nicht in der Deutlichkeit, zur Sprache kam, was die Autorin aber in ihrer Sprache so trefflich zum Ausdruck brachte, nämlich das im Grunde Unaussprechliche, was diese Krankheit für Außenstehende so unverständlich macht:

Im Rückblick spricht die Autorin »heute fast in Dankbarkeit von dem Erlebnis dieser wahrhaft teuflischen Krankheit«, denn diese habe sie gelehrt, was es heiße, »wenn einem das Gehirn, das Bewußtsein, seine als so selbstverständlich angesehene ›Schuldigkeit‹ versagt«.

Es ist dieses Versagen der »selbstverständlichen Schuldigkeit«, von der hier gesprochen wird, die radikale Infragestellung der Unbefangenheit zu leben, was hier von der Autorin als ein wesentliches, ja vielleicht das wesentliche Merkmal dieser Krankheit richtig erkannt wird. Was versagt wird in dieser Krankheit, ist letztlich die Schuldigkeit des Lebens selbst, den Alltag ganz normal leben und bewältigen zu können, jene Schuldigkeit, die eine Schuldigkeit des Körperlichen ist, das das Leben trägt, es ermöglicht und dem Menschen bei seiner Tätigkeit jene Gelassenheit und Selbstverständlichkeit zu existieren verleiht, über die eben nicht viel Worte zu verlieren sind.

Instinktiv hat die Autorin das Versagen der »selbstverständlichen Schuldigkeit« mit einer Störung im Gehirn und der Bewußtseinsfunktion des Menschen, d. h. seiner Selbstreflektion, in Zusammenhang gebracht. Instinktiv hat sie aber auch erkannt und in ihrem Erlebnisbericht überzeugend vor Augen gestellt, was der psychiatrischen Wissenschaft in ihrer Abstraktion so viel schwerer fällt, nämlich deutlich zu machen, gleichsam zu beweisen, daß es sich bei den Krankheiten Angst und Depression eben um Krankheiten im medizinisch-biologischen Sinne handelt, wie wir sie auch sonst in der Medizin kennen.

So spricht die Autorin dann auch von einer regelrechten Entdeckung der Krankheit Depression und Angst, so wie ein Forscher den Erreger einer neuen Krankheit im Labor entdeckt und damit eine neue Krankheit entdeckt hat. Und so steckt auch ein Stück Entdeckerfreude in diesem Bericht darüber, diese Krankheit entdeckt zu haben, die von anderen, ja auch von vielen Ärzten, bisher einfach noch nicht erkannt wurde. Das erscheint mir das Wesentliche für das Motiv zu sein, daß dieser Bericht geschrieben wurde, nämlich die Verpflichtung, anderen etwas von der eigenen Entdeckung mitzuteilen, damit andere nicht länger unnötig unter dieser Krankheit leiden.